# O Segredo do Amado Discípulo

# O Segredo do Amado Discípulo

Uma comunidade, fundada pelo Apóstolo João,
viveu isolada durante dois mil anos.
Chegou finalmente o momento de seu espantoso
segredo ser revelado.

JAMES F. TWYMAN

Tradução de

Dimas David Santos Silva

TRIOM

Centro de Estudos Marina e Martin Harvey
Editorial e Comercial
1ª edição
São Paulo - 2001

Título original
*The Secret of the Beloved Disciple*


TRIOM – Centro de Estudos Marina e Martin Harvey
Editorial e Comercial Ltda.
Rua Araçari, 218
01453-020 - São Paulo - SP - Brasil
Tel: 11 3168-8380 / Fax: 11 3078-6966
e.mail: editora@triom.com.br
www.triom.com.br

Tradução: Dimas David Santos Silva
Revisão: Ruth Cunha Cintra
Revisão gráfica: Adriana C. L. da Cunha Cintra
Capa, diagramação, fotolitos: Casa de Tipos Bureau e Editora Ltda.

Edição patrocinada por Renata Vidigal de Carvalho Lima

**Dados Internacionais de Catalogação na Publicação (CIP)**
**(Câmara Brasileira do Livro, SP)**

Twyman, James F.

O segredo do amado discípulo / James F. Twyman ; tradução de Dimas David Santos Silva. – 1. ed. – São Paulo : TRIOM, 2001.

Título original: The secret of the beloved disciple.

ISBN 85-85464-41-0

1. Amor 2. Comunidades religiosas 3. Emissários da Luz 4. Misticismo 5. Paz - Aspectos religiosos - Movimento da Nova Era 6. Santidade I. Título.

01-4252 CDD-29993

**Índices para catálogo sistemático**

1. Paz : Movimento da Nova Era : Religião 299.93

# SOBRE A FOTO DA CAPA

Por volta de 1986 começamos a ouvir falar sobre as aparições de Nossa Senhora em Medjugorje. Meus pais, Lúcio e Renata, estavam programando uma viagem para a Europa com seus amigos Diogo e Lúcia. Meu pai e tio Diogo eram amigos de infância e compartilhavam o sonho de conhecer Dubrovnic, capital da então Iugoslávia, cidade historicamente tão linda que, despertando a admiração até dos piores inimigos, nunca havia sido atacada ou destruída. Resolveram, então, incluir Dubrovnic no roteiro e também Medjugorje.

Aqui em São Paulo, grupos se organizavam para ir a Medjugorje em peregrinação e, certo dia, alguém me contou sobre um peregrino que havia tirado umas fotos lá e, ao revelar o filme, havia aparecido uma imagem de Nossa Senhora. O negativo dessa foto estava numa loja de revelação de filmes no Shopping Center Iguatemi a disposição de quem quisesse pedir cópias. Fui até lá e imediatamente a moça do balcão atendeu o meu pedido de várias cópias.

Essa linda foto, a foto da capa, tem estado constantemente protegendo nossa família durante todos estes anos. Não sabemos quem a tirou, mas gostaríamos muito de agradecer a essa pessoa e lhe dizer que, se ela quiser se identificar, teremos o enorme prazer de lhe dar o crédito por essa incrível imagem em nossa próxima edição.

*Ruth Cunha Cintra*
Novembro de 2001

# Sumário

Prefácio de Nick Bunick .................... 9
Introdução .................... 11
Parte Um .................... 19
Parte Dois .................... 125
Parte Três .................... 145
Parte Quatro .................... 173
Epílogo .................... 197

# Prefácio

À medida que percorremos nossa jornada da vida, muitas vezes encontramos alguém especial. Essa pessoa pode estar em uma missão tão grande que sabemos que vai tocar as vidas de todos com quem entrar em contato; ou pode ter um talento que imediatamente reconhecemos como uma dádiva de Deus. Quando ficamos diante dessas pessoas, sentimos a essência de sua energia e nos enchemos de alegria.

James Twyman tem todos estes traços.

Ouvi falar a respeito de James pela primeira vez como resultado de suas viagens ao Iraque durante as tentativas de negociações de paz entre Saddam Hussein e Kofi Annan, Secretário Geral das Nações Unidas. James usou seu talento musical para fazer uma vigília pela paz na televisão nacional do Iraque. Deduzi então que esse homem devia ser uma alma extraordinariamente empenhada e corajosa para enfrentar tamanho desafio.

Algum tempo mais tarde, tive em minhas mãos o primeiro livro de James, *Emissário da Luz – Uma Visão de Paz.* Novamente fiquei fascinado por seu compromisso em ser um agente da paz e do amor no mundo. Também fiquei cativado pela sabedoria e pelo drama contido nessa história, verdadeira e maravilhosa.

Em 1998, tive a oportunidade de encontrar James

Twyman pessoalmente. Nós dois tínhamos nos tornado grandes divulgadores no país da organização da 'Whole Life Expo' (Exposição da Vida Plena). James falava do assunto de seu livro e eu participava porque era o tema do livro de grande vendagem *The Messengers* (Os Mensageiros). Ele, então, já não era mais James Twyman para mim, mas sim meu querido amigo Jimmy. Ele tornou-se uma luz que entrou em minha vida. Fui ao seu *workshop* e observei-o enquanto manifestava o amor de Deus à sua audiência, em palavras e através de sua música. Jimmy tem o incrível dom de tocar os corações e mentes daqueles com quem entra em contato. É um mensageiro de Deus, um emissário do amor, da compaixão e da esperança.

Em *O Segredo do Amado Discípulo*, você irá viajar com o autor em uma aventura que aumentará sua própria espiritualidade. Você verá e testemunhará a vida através dos olhos dele. Viajará a lugares onde poucas pessoas fisicamente tiveram a coragem de ir voluntariamente e experimentará a sabedoria, a compaixão e o amor manifestados por Jimmy Twyman em sua incrível jornada.

*O Segredo do Amado Discípulo* reforçará sua relação com o divino e tocará seu coração e sua alma até as áreas mais profundas. Conforme James vai partilhando seus pensamentos e experiências pessoais, você também vai percebendo que foi conduzido a uma incrível jornada espiritual.

*Nick Bunick*
16 de junho de 1999

# Introdução

Temos ouvido dizer que estamos vivendo um tempo de profecias e milagres. Muitas das antigas civilizações do mundo, assim como nossas próprias tradições religiosas modernas, têm apontado este momento da história como um ponto de grande transformação espiritual e social. Os antigos chamavam este 'o tempo sem tempo' porque previam um grande despertar, como se a humanidade tivesse caído em um profundo sono e estivesse prestes a redescobrir algo maravilhoso. Pessoas de todos os caminhos espirituais se acham repentinamente assombradas por uma memória que julgavam ter posto de lado – uma voz silente, quieta, que as chama para lembrá-las de uma promessa que fizeram muito tempo atrás. A voz está ficando mais forte, tão alta que muitas pessoas já começaram a ouvir e a mudar suas vidas.

Em 1993 nasceu uma fêmea de búfalo chamada Miracle (Milagre) em Janesville, no Estado do Wisconsin, nos Estados Unidos. Seus proprietários ficaram espantados com a criatura, pois era tão branca quanto a neve, mas nenhum deles percebeu como ela era importante. No mesmo dia, a centenas de milhas de distância, no Estado de Dakota do Sul, um índio americano, cujo nome aproximadamente se traduz por 'Aquele que procura o búfalo', teve um sonho espantoso. Ele viu uma pequena fêmea branca de búfalo e a fazenda onde tinha nascido. Também viu o nome da cidade. Quando acordou, acreditou que tinha testemunhado o cumprimento da mais sagrada profecia de sua tribo.

Esses índios acreditavam que o mundo passaria um dia de uma sociedade masculina regida pela competição e domínio para uma sociedade regida pelas qualidades femininas de compaixão e amor. Durante centenas de anos tinham aguardado o sinal: o nascimento de uma fêmea branca de búfalo, significando o nascimento de um Mundo Novo. Quando ela crescesse, mudaria de cor quatro vezes, representando as quatro raças do planeta Terra. Além disso, o que era mais importante, o pai dessa jovem fêmea de búfalo morreria três dias após o seu nascimento, simbolizando a morte do patriarcado. Esta antiga profecia nunca tinha sido realizada e, quando o jovem e sua família deixaram sua casa em Dakota do Sul para sair em busca da fazenda que tinha visto em seu sonho, ele não sabia o que iria encontrar.

Encontraram Miracle quando estava com apenas três dias de idade. A família que possuía a fazenda não tinha idéia de que este pequeno búfalo era o foco de uma antiga lenda. O que sabiam é que era um animal albino, nada mais. Quando 'Aquele que procura o búfalo' pediu para ver o pai de Miracle, explicaram que ele tinha morrido de um aneurisma cerebral. Até agora, Miracle já mudou de cor quatro vezes. Atualmente ela é vermelha. Os índios americanos acreditam que, quando voltar à sua cor original, a lenda terá sido cumprida. A mudança das eras estará de repente à disposição.

Esta história e muitas mais mostram que estamos fazendo nascer um Mundo Novo. E, assim como uma mulher suporta o trauma de um parto difícil, existem desafios que precisamos enfrentar e obstáculos que precisamos superar. É estimulante saber que não estamos sós nesta jornada, que temos poderosos auxiliares do nosso lado. Em complemento a lendas e profecias como a do búfalo branco, existem muitas outras histórias que falam de intervenções angélicas ou de guias espirituais que nos conduzem através dos obstáculos que muitas vezes bloqueiam nosso caminho, ajudando a libertar-nos das cadeias que nos prenderam ao medo. Muitos relatos existem de encontros com pessoas que parecem muito comuns à primeira vista mas, de repente, mostram ser muito mais do que isso.

Será que estamos indo ao encontro de um momento fundamental na história da humanidade, um tipo de salto quântico espiritual, e estes auxiliares estão se fazendo mais presentes do que nunca?

Nos últimos anos, dezenas de livros têm relatado notáveis encontros com anjos e seres celestiais. Em alguns casos, estas experiências atravessaram aquela fina linha invisível que separa este mundo do seguinte, colocando pessoas comuns face a face com guias sobrenaturais, levando-as a superar padrões destrutivos que prendiam suas vidas ao medo. Estas histórias estão se tornando comuns, como se as portas do Céu tivessem se aberto e nós estivéssemos sendo banhados pela luz celestial. Quase toda religião admite a existência de anjos e seu papel em ajudar-nos a transcender as formas sombrias que têm dominado nosso mundo. É um sinal dos tempos, outro sinalizador de que estamos vivendo um dos mais excitantes momentos da história da humanidade. Os anjos estão por toda parte e estão aqui para conduzir-nos em direção à luz.

Muitas pessoas têm relatado encontros físicos com um ser que está além até mesmo dos anjos. Este Ser, esta mulher, tem estado sempre presente, guiando-nos através de muitos obstáculos que colocamos em nosso caminho, barreiras que bloqueiam nossa experimentação do amor que almejamos. Muitas vezes vista em visões ou aparições sagradas, a Mãe tem agido como uma guia universal do caminho, levando-nos a atravessar algumas de nossas noites mais escuras e desesperadas. E mais, existe agora uma urgência de sua mensagem que antes não se fazia presente, como se, de repente, estivéssemos prestes a realizar nossos sonhos ou nossos pesadelos, dependendo do que escolhermos. É seu trabalho ajudar-nos nas escolhas que trazem tanto uns quanto outros de forma tangível.

Quase toda tradição espiritual reconhece e honra o feminino, a natureza compassiva de Deus. Alguns identificam este ser com Tara, Quan Yin, Sofia ou Saraswati, mas, por trás de todas elas, bate o coração de uma mãe, a Mãe Divina Universal. Os cristãos a chamam de Mãe Abençoada ou simplesmente de 'Maria, a Mãe de Jesus'. Através da história, centenas, milhares de pessoas reportaram encontros com esta espantosa e compassiva benfeitora, embora suas experiências tenham sido sempre filtradas pelos sistemas de crença religiosa de suas famílias e sua cultura. Em quase todos os casos de aparições que foram verificadas, a mensagem tem sido a mesma, um apelo urgente à humanidade, chamando nossa atenção para Deus e para os outros, ao invés de ficarmos constantemente preocupados conosco.

Esta é uma história verdadeira que, acredito eu, dá suporte à mudança de ritmo de nosso tempo. Nos últimos quatro anos, tenho tido experiências que nunca julguei possíveis. Todas elas me levaram a escrever este pequeno livro para partilhar uma das mais importantes mensagens de nosso tempo, no meu modo de ver. É a história de como três pessoas responderam a um chamado interior, o chamado da Mãe, e como isto as aproximou e as inspirou a lutar pelo que é, provavelmente, o ideal mais alto que se possa imaginar: o de serem instrumentos da paz. Eu sou uma dessas pessoas, a segunda é o Frei John, um padre de Los Angeles, e a terceira é Jacqueline Ripstein, uma talentosa e renomada artista do México.

Agora, em retrospecto, é fácil ver como fomos levados por diferentes caminhos para nos juntarmos no final, como três grandes rios que correm quilômetros sem conta antes de desaguar sem esforço no oceano. Esta, na verdade, é a mensagem verdadeira deste livro. Todos nós nos encontramos percorrendo o caminho solitário de nossos próprios desejos e sonhos mas, no final, descobrimos que somos Um, caminhando juntos em direção ao Deus Uno. Isto é o que as antigas culturas previram e isto é o que vemos acontecer a nosso redor, em todos os países e em todas as religiões.

Não estamos muito separados, no entanto, e, quanto mais nos concentramos nas nossas semelhanças ao invés de nos focarmos nas nossas diferenças, tanto mais próximos da realidade ficamos. Esta tem sido a mensagem Dela, da mulher que veio para ajudar-nos em nossa transformação. Esta história tem sido contada de muitas maneiras, por muitas pessoas diferentes e, ainda assim, a essência continua sempre a mesma. Estamos prontos para criar o mundo de nossos sonhos, mas só se quisermos deixar de lado as crenças separatistas que nos mantêm nas trevas.

Este livro é dividido em quatro partes:

A primeira parte cobre minha própria jornada e como fui levado a descobrir o incrível segredo da Ordem do Amado Discípulo. Começa em 1994, quando aceitei tornar-me o 'Trovador da Paz', viajando pelo mundo cantando orações pela paz das doze principais religiões, cujos arranjos musicais eu mesmo fiz. Um ano mais tarde, enquanto estava tocando na antiga Iugoslávia, fui levado a uma antiga comunidade de místicos que se autodenominavam os 'Emissários da Luz'. Eles diziam que havia chegado a hora da humanidade aceitar uma nova visão de paz que transformaria o mundo. Disseram que alguém estava vindo para ajudar a mim e ao mundo todo nesta transformação global.

Durante os anos seguintes viajei pelo mundo me apresentando, ensinando e compartilhando esta mensagem, esperando que esse 'alguém' chegasse. Encontrei o Frei John, o eclético padre que também tinha dedicado sua vida a viajar pelo mundo todo promovendo a paz e, juntos, partimos para a Sérvia, munidos apenas de um mastro de dois metros hasteando a frase "Que a Paz vença na Terra". Muitos eventos extraordinários começaram a se desenrolar, culminando, em novembro de 1998, quando vi a pintura que mudou para sempre a minha vida.

A segunda parte é a história de Jacqueline Ripstein, a artista visionária que iria transferir a mensagem e a energia de Nossa Senhora para uma simples tela pintada. Ela se espantava por ter sido incumbida pela Igreja de pintar a Nossa Senhora do Universo. Ela queria um sinal divino que lhe revelasse a vontade de Deus. Os diversos sinais que recebeu foram indiscutíveis e a inspiraram a pôr todo o seu talento no supremo teste. Quando a pintura foi mostrada pela primeira vez, centenas de pessoas ficaram atônitas pelo seu poder de transformação. Padres caíram em oração diante do quadro, incapazes de mover-se. Dezenas de pessoas começaram a chorar incontrolavelmente e outras relataram poder sentir o 'pulso de Nossa Senhora' quando o tocavam na pintura. Ficou claro que este não era um quadro comum e a própria Jacqueline passou por muitos testes quando aceitou seu papel de 'instrumento da paz'.

A terceira parte marca o ponto em que estes três rios finalmente se encontram. Solicitaram-me que escrevesse uma canção que seria usada para promover a pintura de Jacqueline. Ninguém sabia que minha decisão seria o elo final de que a Mãe necessitava para realizar o seu propósito. Enquanto meditava sobre o quadro em um vôo de Denver a São Francisco, fui apresentado ao Seu plano completo – a forma pela qual Ela pretendia usar a arte e a música para fazer com que as pessoas entrassem em comunicação direta com a natureza feminina de Deus. Uma sucessão de três milagrosos telefonemas mostraram-me a realidade da minha 'visão' e, dois dias depois, apresentei um concerto que tudo mudou para mim.

Finalmente, a quarta parte foi escrita quando pensei que o livro já estava terminado. A mesma coisa tinha ocorrido quando escrevi *O Emissário da Luz – Uma Visão de Paz.* Assim que pensei ter terminado, no instante em que a poeira tinha assentado e parecia que eu tinha tudo de que precisava para contar uma espantosa história com uma mensagem importante, capaz de mudar vidas, algo aconteceu e eu entrei novamente na correria. Neste caso, eu estava na fronteira de Kosovo e da Macedônia, ao mesmo tempo em que centenas de milhares de refugiados estavam tentando escapar da guerra étnica arremessada contra eles pela máquina militar da Sérvia. Tudo aconteceu ao mesmo tempo durante aquela viagem. Todas as lições que eu tinha aprendido e percepções que tinha tido foram postas à prova e realizadas em uma só jornada. Eu percebi que os Emissários estavam certos – estamos realmente prontos para criar um Mundo Novo. E esta é a verdadeira mensagem deste livro.

É meu objetivo narrar essas experiências da maneira mais exata que eu puder. Embora seja uma história verdadeira, determinados nomes e elementos foram alterados para proteger a privacidade de alguns dos personagens, além de adequar-se ao ritmo da história. Tudo o que escrevi, então, ou é inteiramente verdadeiro ou, pelo menos, é baseado em eventos reais. Convido você a dar uma passada de olhos e decidir por si mesmo o que acredita ser verdade. Só peço que 'sinta' a mensagem de Nossa Senhora, ao invés de tentar avaliar intelectualmente a sua validade. A voz de Deus é ouvida na alma, é então experimentada pelas nossas emoções e, finalmente, julgada pela mente. Portanto, ao menos por um certo tempo, livre-se de seus julgamentos e deixe a mente aberta para esta história. Deixe que a Mãe se revele a você da maneira que achar melhor. Então você conhecerá diretamente a verdade, não porque eu disse, mas porque ela está dentro de você.

# Parte Um

Complete o triângulo — ecoava a voz em minha mente. Não era a primeira vez que ouvia estas palavras. A saga tinha se iniciado quando recebi a mensagem de Frei John, o padre de Los Angeles que tinha me acompanhado na viagem à Sérvia dois anos antes. Assim que cheguei à Inglaterra, entregaram-me a carta que ele tinha me enviado por um amigo portador, duas linhas mal rascunhadas que não fizeram nenhum sentido para mim naquele momento.

— Complete o triângulo — diziam as palavras. — Jesus, Maria e São João... é como você verá que está acontecendo... confie nos sinais.

Era muito do feitio dele deixar uma mensagem cifrada como aquela e não pensei muito a respeito na época. Apesar disso, desde que saí de Glastonbury a caminho da famosa comunidade de Findhorn, na Escócia, cinco pessoas já tinham repetido esse pedido.

— Você sabe alguma coisa a respeito do elo energético entre Glastonbury, Findhorn e Iona? — perguntou-me Linda.

Estávamos em um intervalo da conferência 'Call to Action' (Chamado para a Ação) de Findhorn e eu tinha acabado de referir-me à minha viagem a Glastonbury. A saleta estava cheia de pessoas tomando café e chá e fiquei sem saber bem se tinha ouvido corretamente. Ela aproximou-se um pouco. — Perguntei se você já tinha ouvido falar alguma coisa a respeito da...

— Sim, eu entendi — respondi. — Sim... acho que você é a quinta pessoa a mencionar essa conexão. O que você pode me contar a respeito?

— Não sei muita coisa — disse ela — apenas que existem duas linhas subterrâneas muito importantes que passam por essas três cidades. Quando foi fundada a comunidade de Findhorn, alguns dos fundadores sabiam que os três lugares seriam energeticamente ligados, criando um poderoso vórtice. Dizem que são todos centros de forte energia feminina.

— Alguém me disse que eu deveria completar o triângulo antes de ir a Kosovo. O que você acha disso? Faz algum sentido? — Eu estava fazendo um teste, querendo ver até onde ela levaria a minha questão. Se ela estivesse muito segura sobre a resposta, então a mesma me levaria a pensar que eu estivesse sendo induzido, como se todos aqui fossem levados a fazer a mesma coisa. Se ela tivesse sua própria opinião, no entanto... bem, isso poderia ser diferente.

— Só você pode saber se faz algum sentido — respondeu ela. — Tudo o que posso dizer-lhe é que a ilha de Iona é um dos lugares de maior força no planeta. Na verdade, os geólogos dizem que ela tem a formação rochosa mais antiga do mundo, cerca de dois bilhões de anos, ou algo semelhante. É um verdadeiro mistério. Durante milhares de anos, talvez começando com os druidas, houve cultos a deusas associados com Iona. Foi também um dos primeiros lugares em que o cristianismo se estabeleceu nesta parte da Europa. Santo Columba fundou ali uma famosa abadia e tinha grande respeito pela energia e pelos costumes de Iona.

— Mas o que tem tudo isto a ver com minha viagem a Kosovo? — perguntei a ela. — Estou indo lá para um concerto pela paz e para focalizar uma vigília de oração de amplitude mundial. Não vejo nenhuma conexão entre Iona e o sofrimento que atinge aquele povo.

— Como eu já disse, só você pode saber se existe uma conexão ou não. Se existir e você quiser ir até lá verificar, ficarei muito feliz em levá-lo. São mais ou menos seis horas de viagem, mas você precisa, em primeiro lugar, decidir se ela faz sentido.

Fazia e eu sabia disso. Na primeira vez em que alguém me falou a respeito do triângulo Glastonbury/Findhorn/Iona, alguma coisa se moveu dentro de mim. Então lembrei-me da mensagem de Frei John. Tinha alguma coisa a ver com a energia feminina que Linda mencionara, o divino pulsar da Mãe que tinha me assombrado durante os últimos dois anos... na verdade, durante a minha vida inteira. Será que Ela iria revelar-se novamente a mim, eu me perguntei. Minha vida não tinha sido mais a mesma desde que me lembrei de minha conexão com Ela e eu tinha a sensação de que esta viagem a Kosovo iria completar alguma coisa. Mas o quê? Eu sabia que precisava ir até Iona, se não por qualquer outra razão, pelo menos para envolver-me em uma forte energia antes da difícil viagem que me esperava. Kosovo tinha explodido em uma guerra étnica e eu estava prestes a aterrissar bem no meio da loucura. Eu necessitaria de toda a ajuda que pudesse obter e Iona soava como o lugar perfeito para consegui-la.

Um dia depois estávamos já percorrendo os estreitos caminhos chamados de estradas naquela parte da Escócia. Foi um milagre termos chegado lá vivos ou que alguém fosse capaz de andar pelos voltas e mais voltas dos caminhos que iam de uma ilha à outra até Iona. Linda não parecia se perturbar e era um piloto preparado. Foram os ônibus que me incomodaram, o tipo de turista que queria invadir além do espaço destinado a ele naquelas trilhas de animais. Apareciam nas colinas e, com súbita displicência, reivindicavam até o ar ao redor do nosso pequeno carro.

Toda vez Linda se atirava para um dos pequenos acostamentos projetados, imagino eu, justamente para ocasiões assim.

O cenário era de tirar o fôlego, desde o afamado Loch Ness até os rochedos altos do litoral ocidental. Às vezes, parecia um planeta diferente mas, de repente, a estrada se nivelava e surgia uma estação de balsas. Precisamos tomar três balsas para chegar a Iona, sendo a última a mais notável. A água do mar aberto batia de encontro aos lados do barco e eu podia sentir um arrepio de frio provocado pelo vento que me soprava na direção de algo que eu nem sabia bem o que era. Algo estava por acontecer... algo deveria acontecer que fosse o fecho de uma aventura e para que outra começasse. Ou será que eram a mesma aventura, como capítulos seguidos em um livro extenso? Eu estava prestes a descobrir o que era. Podia sentir a ilha, a Senhora me chamando.

Linda já tinha estado em Iona, como quase todos os residentes da distante Findhorn. Era como se a ilha pertencesse a eles, não de uma forma material mas de um modo muito mais essencial. Eles estavam ancorados lá, como algo definido pelo solo e pelas ondas que batiam contra as rochas como enormes tímpanos. A ilha tinha sido consagrada muito tempo antes dos registros históricos existirem, muito antes da chegada dos cristãos, e os historiadores adoravam especular a respeito do seu passado misterioso. Havia ruínas de conventos e mosteiros e colinas druídicas de rituais ainda mais antigos. Ao inspirar, enquanto descia da balsa, senti um arrepio percorrer-me todo o corpo. A ilha estava me saudando, assim me pareceu, abençoando a mim e àquilo que eu tinha vindo fazer, a aventura que estava prestes a começar e a terminar. Será que seria aqui que eu encontraria a porta que se abre para o espírito, a Porta da Eternidade sobre a qual me falaram os Emissários da Luz?

— Completei o triângulo — disse eu a Linda.

— Agora você precisa deixar que a ilha fale com você — respondeu ela com um olhar de quem tinha entendido. — É um lugar maravilhoso, cheio de mistério e que sabe do que você precisa. Vou deixá-lo sozinho para fazer o que precisa ser feito. Vamos nos instalar no hotel e então você poderá ficar por sua conta.

O Hotel Columba ficava a cinco minutos a pé da balsa e pude perceber que era uma espécie de centro nervoso da ilha. Linda tinha feito reservas e, momentos após eu ter guardado minha bagagem, já estava andando pelas ruas. Um jovem canadense me contou que a energia mais forte podia ser sentida no lado oposto da ilha, a uma meia hora de caminhada pelos rochedos que são considerados as formações rochosas mais antigas do planeta. O sol estava mergulhando no horizonte e parecia não haver muito tempo antes que se pusesse completamente. Andei o mais depressa que pude pela estreita estrada, passei pelo convento em ruínas e então subi o caminho que ia em direção ao outro lado da ilha. Rebanhos de ovelhas pastavam por todos os lados e seu pastar incessante dava à paisagem a aparência de um campo de golfe muito bem cuidado. As colinas suavemente arredondadas eram como ondas de seda verde que faziam acelerar o meu passo e, pouco tempo depois, pude novamente ouvir o oceano, o ritmo das batidas da maré contra os rochedos míticos. De repente a grama acabou e cedeu lugar a uma areia muito fina e branca. Atravessei essa área em direção à água e, minutos após, aos rochedos suspensos como em sonho sobre as ondas.

Parei ali por um momento e fiquei extasiado diante das bordas pontudas e das saliências ásperas de pedra. Como sabiam, perguntei-me, que estes eram os penhascos mais antigos do planeta, as formações de rocha permanentemente acima do nível da água mais antigas já descobertas? O que este fato acrescentaria à rica história da ilha? Também me contaram que muitos dos minerais e pedras encontrados em Iona eram completamente diferentes de tudo o mais naquela parte da Escócia. Não havia outra ilha como aquela e isto só vinha acrescentar mais mistério ao mistério. De onde havia ela surgido e até onde me levaria? E como ela me prepararia para a viagem a Kosovo, o próximo capítulo da minha própria e longa história?

Comecei a subir o rochedo e cuidadosamente segui pelo lado que dava frente para o mar. Quando virei uma curva senti a bruma e o vento do oceano baterem na minha face. O gosto do sal nos meus lábios era mágico e eu me abaixei para segurar-me nas rochas escuras e equilibrar-me. O vento soprava nos meus ouvidos e pensei que podia ouvi-lo me chamando, não pelo nome mas como se me conhecesse como um homem.

Levantei então levemente a cabeça e percebi que alguém realmente estava me chamando. Vi uma velha sentada nas rochas enfileiradas acima que estava me acenando para ir até perto dela. Sua mão enrugada se movia levemente e seu sorriso desdentado parecia atrair-me para ela como se fosse um ímã. Subi as pedras com pouco esforço e, antes mesmo de me dar conta, estava sentado poucos metros à sua esquerda.

A mulher era ainda mais velha do que parecia à primeira vista. Suas rugas eram fundas e sua roupa muito gasta. Ela parecia estar batendo a mão no imenso penedo onde estávamos sentados. Percebi então que tinha uma pedrinha preta na mão e que estava, na verdade, batendo no penedo com um ritmo lento mas firme. Havia uma pequena fenda na rocha, de aproximadamente dois metros e meio de comprimento, no exato ponto em que ela estava batendo. Quase tive a sensação de que a fenda tivesse sido feita por ela, mas afastei esta idéia por considerá-la ridícula.

— Por que você está aqui? — perguntou-me ela.

Olhei-a e me perguntei o que iria responder. Era uma boa pergunta, mas para a qual eu não tinha uma boa resposta. Vim a Iona para completar o triângulo, mesmo que eu não soubesse o que isso significava. Vim para preparar-me para uma missão de paz, para viajar mais uma vez para o centro do desespero e da guerra. Por que eu estava aqui? Sorri e respondi que não estava bem certo.

— É melhor que esteja bem certo, rapaz — disse ela com o sotaque escocês mais estranho que eu tinha ouvido até então. — Você não veio aqui para ficar andando sem motivo, veio para vivenciar o que lhe disseram para fazer. Eu sei porque está aqui. Sou muito velha, mais velha do que tudo isto aqui. Isso quer dizer que posso ver através de você, diretamente no seu coração.

— Qual é o seu nome? — perguntei.

— Pode me chamar de Velha. Tenho estado por aqui desde que estas rochas existem. Posso dizer-lhe coisas que ninguém mais pode, coisas que você gostaria de ouvir.

Olhei novamente para a pedra preta em sua mão. Ela ainda estava batendo com a mesma no imenso rochedo onde estava sentada. Ela percebeu meu olhar e interrompeu a batida por um momento.

— Não se trata da força com que você bate em alguma coisa, tudo tem a ver com a persistência. Até mesmo uma velha como eu pode rachar um penedo, não porque eu seja mais forte do que você, mas porque eu não paro. Estes rochedos em que você está sentado resistiram à maré por dois bilhões de anos. Veja como são ásperos e pontudos. Não acha que você poderia fazer o mesmo?

— Não sei bem o que você quer dizer com isto. — Falei estas palavras no mesmo instante em que percebi que algo muito estranho estava acontecendo. Não era uma velha comum que eu tinha encontrado e certamente não era uma conversa comum que estávamos tendo. Inclinei-me para a frente para não perder uma única palavra. Este é o motivo pelo qual você está aqui, pensei comigo mesmo. Este é o fim... e o começo.

— Você conheceu a minha filha — disse ela olhando profundamente nos meus olhos.

— Sua filha...

— Sim, você sabe o que quero dizer. Você a encontrou e ela sabe quem você é. É ela quem vai guiar você, quem vai guiar todo mundo. Estou aqui por muito tempo mas agora é a vez dela. Eu fiquei cavando a fenda na rocha, ela vai entrar na fenda e rompê-la toda. Não fique tão perplexo. Você sabia que isto iria acontecer, eu só pareço um pouco diferente do que você esperava.

Eu sabia o que ela queria dizer, mas não podia acreditar. Então esta seria ela, aquela que estava mantendo aberto o portal? Era impossível, de maneira nenhuma como eu tinha imaginado.

— O portal já está aberto — disse ela. — Sempre esteve. E eu estou muito velha para ficar batendo nesta pedra. Tome, segure você.

Ela me jogou a pedra preta que estava segurando e eu a peguei com a minha mão esquerda. Senti uma onda de confusão me atravessar quando meus dedos se fecharam ao redor dela. Era mais leve e mais macia do que eu pensava. Parecia uma lasca dura de pedra, mas, quando a segurei, percebi que não era nada dura, era mais como um pedaço solidificado de lava vulcânica. Era exatamente isto, lava. Olhei para a pedra, em seguida para a velha que estava novamente sorrindo para mim.

— É um presente do meu coração, acho que você diria desta maneira. Quando minhas filhas terminarem o trabalho com você, eu serei jovem outra vez, vai ver. Não posso ficar velha assim para sempre.

— Quem é você? — perguntei.

— Não faça perguntas desse tipo — respondeu ela ao mesmo tempo em que ficava de pé e limpava as costas do seu vestido cor de ferrugem. — Faça apenas o que precisa fazer. E lembre-se, há mais coisas em risco do que você pode imaginar. O lugar para onde está indo lhe ensinará isso. Lá será onde tudo finalmente fará sentido, onde você compreenderá o que minha filha lhe disse.

— Você está se referindo a Kosovo? — perguntei.

— Onde quer que seja. O lugar não importa, nem o nome, nem mesmo você. O tempo é que é importante e este é o momento. Você disse alguma coisa a respeito do portal. Bem, o que está esperando? Sabe como atravessá-lo; sugiro que o faça.

Ela virou-se e começou a caminhar lentamente pelo rochedo em direção ao oceano. Eu podia ouvi-la murmurando alguma coisa enquanto andava, mas não tinha certeza se estava falando para mim ou não. Então ela se virou e disse:

— Ela lhe dirá o que você precisa saber, assim como eu fiz com ela. Apenas preste atenção, porque é importante. E continue batendo naquela pedra. Vai dar muitas risadas disso um dia, quando entender tudo.

Alguns momentos depois ela desapareceu por trás do lado do rochedo e eu estava, de repente, sozinho outra vez. Olhei para o pedaço de lava que segurava em minha mão, o objeto de sua última observação. O que seria que eu iria entender, perguntei-me. Havia tantas coisas a respeito das quais eu estava confuso, tantas questões sem resposta na minha vida. E agora isto, encontrar essa mulher em um rochedo de Iona. Ela já tinha me mostrado tantas faces, tantas manifestações da mesma realidade. Entretanto, esta era diferente e também o que tinha dito.

Levantei-me, voltei para a praia e, em seguida, para o caminho que levava ao Hotel Columba. O sol já estava quase no horizonte e precisei achar o caminho quase na escuridão. Isto não pareceu ter nenhuma importância, pois agora havia uma luz muito forte guiando-me.

A pedra estava apertada nos meus dedos enquanto eu caminhava e comecei a lembrar-me de cenas do último ano da minha vida e, em seguida, dos últimos cinco anos. Tudo começava a fazer sentido, todas as circunstâncias miraculosas que tinham me acompanhado na jornada. Então pensei na minha infância e me questionei se tudo tinha começado desde aquela época. Talvez exista uma teia unindo nossas vidas que conecta tudo, formando uma enorme tapeçaria. Se seguirmos a teia para trás, através dos anos, aprenderemos coisas que não estiveram muito claras para nós na época. Cada evento passa a fazer sentido e surge uma clareza repentina que tinha sido perdida antes.

Era o que eu tinha estado buscando, uma forma de juntar os fios soltos da teia novamente e de descobrir o padrão oculto. Enquanto andava pela estrada, lembrei-me dos detalhes do passado como nunca antes. E, pela primeira vez desde que a aventura começou, entendi tudo.

— Tudo começou há muito tempo atrás — eu disse a mim mesmo — muito antes do que eu tinha imaginado.

Eu sempre me considerei uma pessoa comum. Sou muito indulgente e autocentrado para ser um exemplo de iluminação espiritual, como um santo ou um guru que é procurado para uma bênção ou aconselhamento. Nasci com todos os 'apetites' normais e procurei saciá-los, muitas vezes com avidez. O mais inofensivo deles era a minha paixão pela música. Dos cinco filhos na minha família católica irlandesa eu era o mais propenso a entrar em um caminho errado e terminar sem casa e viciado em drogas, ou dominado por uma longa lista de coisas que minha mãe temia muito. Difícil saber para qual direção eu iria me virar ou para onde minha maneira de viver me levaria.

Ao mesmo tempo, eu era o filho com a maior probabilidade de se tornar padre. Este era, evidentemente, o sonho de minha mãe. Era a única coisa que poderia salvar-me do desastre certo, era o que ela costumava pensar. Alguns pais mandam seus filhos para o exército para treinar a disciplina. Isto para mim nunca teria dado certo, pois meu temperamento era diretamente oposto a tal estilo de vida. Eu teria sido expulso rapidamente. Entretanto, o sacerdócio, sim, isto era diferente, especialmente pelo fato de eu ter sempre gravitado em torno de tudo que era espiritual. Eu tinha mesmo planejado tornar-me coroinha só para ficar perto dos cheiros e dos sinos que me fascinavam. Se meus pais não conseguissem me salvar, talvez o pulso de ferro da Santa Madre Igreja conseguisse.

Para espanto de todo mundo, nunca fiz nenhuma objeção a esta sugestão. Na verdade, eu queria começar logo, entrar em uma faculdade que preparasse para o seminário. Isto deve ter confundido meus pais, pois tenho a certeza de que eles esperavam por resistência de minha parte. Ao invés de precisar me convencer dos méritos da vida religiosa, eles precisaram me acalmar. Decidimos que eu terminaria o colegial e, então, entraria em qualquer ordem religiosa que eu escolhesse. Minha mãe se animou quando chegou a hora de tomar minha decisão. Ela, evidentemente, queria que eu ficasse em Minnesota, longe de qualquer cidade grande onde certamente eu me meteria em confusão. Porém, a minha idéia era diferente.

Eu estava com dezoito anos apenas quando me juntei aos franciscanos em Chicago. Um mês depois de terminar o colegial, deixei Minneapolis e me mudei para Marytown, um grande mosteiro em Libertyville, um subúrbio que dista uma hora na direção norte da cidade. O que ninguém sabia era que eu vinha pensando em ser padre desde que comecei a ter experiências místicas, mais ou menos com a idade de doze anos. Foi assim que eu cresci – 'se algum dia achar que Deus está falando com você, isto quer dizer que você foi chamado'. Não havia opções e isto estava bom para mim. Embora eu tivesse apenas começado a viver, estava convencido de que sabia o que queria fazer com o resto da minha vida.

Muito da minha vontade de me tornar um padre franciscano vinha de minha devoção a Maria, Mãe de Jesus. Mesmo quando criança eu já era devoto do rosário, rezando todas as cinco dezenas pelo menos uma vez por dia, durante anos. Eu tinha feito uma promessa a Ela, mais ou menos lá pela idade de doze anos e, embora os termos específicos tivessem se apagado da minha consciência, a promessa em si ainda me assombrava. Lembro de ter-me ajoelhado diante de uma estátua de Maria durante horas, rezando e lacrimejando, e de ter sentido uma larga fenda começar a se abrir em minha alma. Alguma coisa estava acontecendo comigo, algo muito profundo, mas eu era demasiadamente jovem para saber do que se tratava. Talvez por causa da minha ingenuidade isso estivesse acontecendo, porque eu ainda não tinha capacidade de julgamento.

Milagres acontecem com facilidade com as crianças e a voz de Deus é ouvida com muito mais clareza durante esses anos inocentes. As crianças fazem as perguntas certas, simples e diretamente, e buscam suas respostas na terra e nas estrelas. Por serem suas mentes abertas e seus espíritos não terem medo da tirania selvagem dos sonhos, Deus fala a elas através dos elementos e através do próprio vento. Alguém esteve falando comigo durante aqueles primeiros anos e não me importava quem fosse. Aquela voz suave me ajudava a sobreviver à maré violenta da minha juventude e, como um barco amarrado a uma longa corda entre duas praias, eu era carregado sem maiores consequências para o outro lado.

Era aquela voz que estava procurando quando me mudei para Marytown. Entretanto, naquela época eu tinha apenas dezoito anos, era mais um eco, uma fotografia esmaecida que alguém carrega para lembrar-se dos detalhes de um rosto que já foi tão familiar. Os irmãos e os padres eram muito mais velhos do que eu. Relembrando tudo isso, sei que devo ter parecido um bebê para eles. O irmão Pious, que mais tarde se tornou meu mentor e caro amigo, foi designado para ser meu superior imediato. Ele pretendia moldar-me como um perfeito frade ou mandar-me embora. Na primeira vez em que nos encontramos, sentei-me à frente de sua velha e maciça escrivaninha. Ela combinava de certa forma com ele, que era tão forte e tão enraizado quanto a madeira. No entanto, seus olhos o traíam. Eram suaves e redondos e, ainda que ele tentasse testar-me e amedrontar-me para que eu voltasse para o carro de meus pais, pelo contrário, eu fui levado e reafirmado pelo seu espírito.

— Você percebeu que a idade média dos frades em Marytown é bem acima dos cinquenta anos? — perguntou ele.

— Não percebi, mas isso não me surpreende.

— A época em que os homens entravam no convento com a sua idade já acabou — disse ele. — Não acho que seja realmente uma boa idéia. Você deveria estar na faculdade, fazendo o que os rapazes de sua idade normalmente fazem. Depois disso, se ainda estivesse interessado, poderia voltar aqui. Pelo menos você teria mais bagagem para levar isso adiante, você teria vivido um pouco.

— Que idade o senhor tinha quando entrou? — perguntei-lhe.

Ele sorriu levemente.

— Tinha dezoito anos, é verdade. Mas as coisas eram muito diferentes naquela época. Essa escolha era muito comum. Agora não é mais.

— Eu sei que sou muito jovem — disse eu a ele — mas isto é o que eu sempre quis. Acredito que fui chamado para cá, como se, de alguma maneira, isto tivesse sido planejado. Eu só estou pedindo uma oportunidade.

— Todo mundo pensa que recebeu um chamado —

disse o irmão Pious.

— Entretanto, se está maduro o suficiente para atender a este chamado, isto é outro assunto. As coisas não serão fáceis aqui. Você corre o risco de ser rejeitado pela comunidade, não de forma maliciosa, mas porque os irmãos poderão não ser capazes de se relacionar com você, nem você com eles.

— Se o que o senhor está dizendo é verdade, então eu irei embora na ocasião. Agora estou aqui e me sinto preparado para assumir um compromisso com esta vida.

— Eu pedirei que parta ao primeiro sinal de problema — ele me disse. — E você deverá ir embora sem reclamar. Está compreendendo bem?

— Sim, irmão.

— Não quero que sofra ou seja prejudicado por esta experiência, James. Vamos ver o que acontece. Se Nossa Senhora quiser você, então tudo dará certo.

Senti-me como se tivesse passado no primeiro teste, vencido o primeiro obstáculo à minha vocação religiosa. Viveria em Marytown durante três meses, então me mudaria para a Casa de Estudos em Chicago. Durante os quatro anos seguintes trabalharia no meu bacharelado, depois iria buscar o grau de Mestre em Divindade. Em uma determinada altura disto tudo eu partiria para um noviciado durante um ano. Parecia tudo tão romântico, como o início de uma aventura maravilhosa. Além disso, não fui rejeitado pela comunidade, pelo contrário, fui completamente adotado por ela. Eu talvez fosse uma exceção, mas em poucos dias eu era um deles e tudo parecia se encaixar. Minha devoção pela comunidade era profunda e eu achava que nunca iria sair de lá.

No entanto, minha resolução foi testada de forma dramática. Eu tinha entrado em Marytown junto com outros três homens, todos mais velhos do que eu. Pat Greenough já tinha passado um ano em um outro seminário e, anos mais tarde, iria tornar-se o Superior de Marytown. Era um homem engraçado, agradável e nos tornamos bons amigos quase que imediatamente. Steve Tippe tinha se mudado de Milwaukee para Marytown e se adaptado facilmente ao estilo de vida do convento. Finalmente, John Paul, que me tomou sob suas asas desde o primeiro dia em que cheguei. Era um homem bem afeiçoado, com trinta e poucos anos; costumávamos dar longas caminhadas ao redor de um lago das vizinhanças. Eu me sentia bem em ter um amigo mais velho e aparentemente mais sábio que pudesse ajudar-me na jornada por esta nova e estranha terra. Ele partilhava comigo muitos de seus próprios esforços e eu me sentia um felizardo por tê-lo encontrado.

Uma noite, estávamos acordados conversando na sala de recreações e John Paul começou a falar com muita intimidade a respeito de sua história sexual. Eu era muito jovem e ingênuo, sem saber bem do que ele estava falando e sem ver onde ele estava tentando me conduzir. Pensei que estava tentando aprofundar nossa amizade, mas logo percebi que tinha outro objetivo em mente.

Ele me disse como era feliz por ter um amigo como eu em Marytown. Então me contou que algumas vezes os homens muito próximos fazem coisas íntimas juntos, coisas que melhoram seu relacionamento. Expliquei-lhe que não me sentia confortável em fazer tais coisas e que eu era heterossexual.

— Eu também sou heterossexual — respondeu ele. — Algum dia, quando você for mais velho, perceberá que esta é uma dádiva que os homens podem compartilhar e não tem nada a ver com ser homossexual. É apenas uma maneira especial de aproximar-se. Eu já me sinto muito próximo de você, só quero me sentir mais próximo.

— Nunca ouvi falar disso antes — respondi. — Não sei se você está certo ou errado, mas não me sinto bem com isto.

Durante um pouco mais de uma hora ele usou suas palavras para encurralar-me. Num determinado momento eu estava tentando levar em consideração a sua lógica e no momento seguinte ele já estava me tocando. O grande aposento estava escuro e os outros frades já tinham se recolhido; estávamos sozinhos no canto distante. Mesmo se alguém entrasse, teria sido fácil ocultar o que estava se passando. Ele me tocou e eu invoquei pensamentos eróticos sobre mulheres para tirar minha mente daquela estranha realidade. Momentos mais tarde tudo estava terminado e ele sentou-se em sua cadeira com um olhar de satisfação no rosto.

— Talvez um dia você faça o mesmo por mim — disse ele. — Por uma noite, isto basta.

John Paul deu-me um abraço e disse boa noite. Sentei-me ali no escuro durante um longo tempo, perdido em meus pensamentos, perguntando-me o que tinha acabado de acontecer. Talvez ele estivesse certo, pensei comigo mesmo. Talvez eu fosse tão ingênuo que não sabia a respeito destas coisas, talvez houvesse várias maneiras para os homens demonstrarem amor, a respeito das quais eu não sabia nada. Fui para a cama tentando convencer-me de que não havia nada de incomum no que tínhamos feito. Cai em um sono profundo, abençoado por sonhos confortantes.

Na manhã seguinte acordei e percebi um peso estranho no centro do meu peito. Às 6:30 os frades e os noviços se encontrariam na capela para o sagrado ofício, seguido da missa e eu me dirigi para lá confuso e inquieto. Meu assento era no fundo do coro, bem debaixo da enorme estátua de Maria, à esquerda do altar. Ali era onde eu costumava rezar durante horas por dia, entregando-me a ela, pedindo sua orientação. Lágrimas escorriam pelo meu rosto enquanto eu rezava meu rosário ou simplesmente conversava com ela, como se ela estivesse de verdade ao meu lado. Nesta manhã em particular eu mal podia olhar em sua direção. Tinha a sensação de que tinha feito algo terrivelmente errado e estava com medo que ela soubesse. Mais ou menos na metade da missa finalmente olhei para a estátua e fiz uma oração rápida.

— Mostre-me o que fazer — pedi. — Não sei o que isto significa, se está certo ou errado. Não me sinto feliz com aquilo que o deixei fazer para mim. Não gostei. Será que eu deveria dizer alguma coisa a alguém? Ou devo ficar quieto, como se nada tivesse acontecido?

Quando ergui os olhos para a estátua, senti algo mover-se dentro de mim. Não consigo descrever o que aconteceu a seguir, mas sei que ela ouviu minha prece e tinha me respondido.

— Você não fez nada errado — ela parecia dizer. — Entretanto, precisa realmente contar a alguém. A experiência que teve não lhe trouxe alegria e, portanto, não foi uma experiência santificada. O amor sempre traz mais amor, meu filho. Conte ao irmão Pious o que aconteceu e tudo ficará bem.

Mais tarde naquele dia eu pedi ao irmão Pious se poderia vê-lo em seu escritório. Assim que me sentei diante dele comecei a chorar. As comportas se abriram e não consegui mais negar o que sentia. Contei-lhe então o que tinha acontecido na noite anterior. Disse-lhe como eu estava confuso e que tinha medo de ter cometido um pecado. Ele me ouviu com muita atenção e pareceu ficar visivelmente irritado. No entanto, não estava zangado comigo. Disse que já tinha suspeitado disso e que tomaria uma ação imediata. John Paul foi-se embora para Chicago naquele mesmo dia e suas coisas seriam empacotadas e despachadas para ele. Nunca mais o vi.

Ficamos sentados durante um longo tempo e Pious ajudou-me a entender o que tinha acontecido. Graças a ele o incidente nunca deixou uma marca e consegui tirar lições do sucedido. Nunca senti qualquer amargura em relação a John Paul, apenas uma grande dose de compaixão, ao pensar no que ele tinha feito para tirar vantagem de mim.

— Isto significa que você vai pedir-me para ir embora agora? — perguntei.

— O que o faz pensar assim?

— Você disse que se notasse qualquer um me rejeitando eu deveria ir-me embora. Acho que isto poderia se aplicar neste caso.

— Preste atenção, James, o que aconteceu, aconteceu. Foi infeliz, mas não muda nada necessariamente. Você tem se dado muito bem com os outros irmãos, penso eu. Por mim, não vou deixar que isto mude nada.

Ficamos sentados durante algum tempo falando a respeito de diversas coisas, principalmente sobre o meu relacionamento com os outros irmãos. Foi aí que me enchi de coragem para perguntar-lhe sobre um assunto muito mais íntimo.

— Tenho uma outra questão que gostaria de discutir — disse a ele. — O senhor acha que Deus, ou Maria, pode falar conosco? Quero dizer, comunicar-se conosco de uma maneira real, com palavras?

— Não vejo porque não — respondeu ele. — A história da Igreja está cheia de histórias como esta. Por que está perguntando isto?

— Quando eu tinha doze anos tive uma experiência muito estranha. Eu era coroinha e estava ajudando a missa quando ouvi uma voz. Não sabia dizer se estava ouvindo a voz nos ouvidos ou no coração, mas estava seguro de que não vinha de mim. Era uma voz nem masculina nem feminina. Disse-me coisas fantásticas a meu respeito e a respeito do mundo. Disse que tudo estava para mudar e que era tempo das pessoas se aprontarem para a mudança. Tive a sensação de que Jesus estava prestes a voltar e, ao mesmo tempo, de que não se tratava de nada disso. Era mais no sentido de que Sua energia estava prestes a ser liberada e as pessoas seriam capazes de senti-la de novas maneiras. Não tenho realmente certeza do que isso significava.

— Também disse que eu iria desempenhar um papel no que estava por acontecer — continuei. — Tudo o que eu sabia era que tinha a ver com a divulgação de uma mensagem de paz e que eu viajaria pelo mundo inteiro. Bem, visto que eu tinha apenas doze anos, não sabia como responder. Meu ego tomou conta de mim e me considerei o 'escolhido de Deus'. Fui até o pastor e contei a ele que estava em comunicação direta com Deus e que era meu papel dizer o que ele estava fazendo de errado. A igreja tinha acabado de remover os genuflexórios em uma tentativa de modernizar-se. Eu lhe disse que Deus não tinha gostado daquela decisão e os queria de volta. Meu pai precisou trancar-me no quarto para impedir-me de voltar à reitoria com uma nova lista de exigências. Foi aparentemente uma grande dose de ridículo.

— Como tudo mudou? — Pious perguntou.

— Acabei por sentir-me muito envergonhado e tentei convencer-me de que era apenas minha imaginação. Mas eu sabia que não era. Com o passar dos anos, quase consegui tirar aquilo da minha mente. Agora que estou aqui lembro-me de tudo e algumas vezes acho que ainda acontece.

— Você quer dizer que ainda ouve a voz?

— Não diria desta forma — respondi. — Realmente não consigo descrever o que se passa por completo. É mais como se a voz me envolvesse por inteiro e eu, de repente, sentisse a mensagem, como se alguma coisa estivesse sendo transmitida para mim. Algumas vezes o acontecimento não dura mais que aproximadamente um segundo. Não é particularmente linear, portanto não pode ser bem explicado.

— Estou apenas perguntando se você ainda se perturba por causa disto — disse ele, obviamente preocupado.

— De maneira nenhuma. Não tenho mais doze anos de idade, portanto não estou fazendo confusão de interpretação como fiz antes. É uma experiência maravilhosa quando acontece. Faz-me sentir como se eu não estivesse sozinho.

— Então, para mim, não há problema quanto a isso, a não ser que a voz lhe diga que precisamos remodelar a capela. Não posso lhe dizer se é real ou não. Somente você sabe disso. Apenas lembre-se de julgar tudo com amor. Se a voz o fizer sentir amor, então provavelmente ela vem de Deus, independente de sua forma.

— Isto foi o que Maria me disse esta manhã — respondi rindo. Foi a primeira vez desde que era criança que falei a alguém a respeito da voz e fiquei feliz com sua resposta. Fez-me sentir aceito e que eu não estava louco. Também me fez sentir como se estivesse no lugar certo. Marytown era um lugar tão bom para mim, pensava eu. A vida dos frades e sua devoção a Maria ressoavam na mais profunda parte de meu ser. Prometi naquele momento que nunca iria embora.

No entanto, fui e muito antes do que qualquer pessoa esperava. Eu estava com os franciscanos fazia apenas um ano e meio. Um dia tomei minha decisão, empacotei meus poucos pertences e mudei-me da casa de estudos para um dormitório na Universidade Loyola. Pious estava certo no final das contas. Realmente eu era jovem demais e os tempos eram muito diferentes daqueles quando ele era jovem. O mundo era diferente. Assim, pelos próximos três anos tornei-me um estudante normal, em busca de novas idéias, testando minha maturidade, bebendo cerveja em quantidade e fumando muita maconha. Com as exigências de todas as minhas novas indulgências e meus novos amigos, fui capaz de esquecer os franciscanos e a respeito de Maria.

Depois que me formei em 1984, conheci Linda, uma bela mulher com quem me casei um ano mais tarde. Nossa filha Angela nasceu logo e comecei a me ajustar à vida de marido e de pai. Ou, pelo menos, pensava que sim. Olhando agora para trás, percebo que era um papel que desempenhava sem muita convicção. Na verdade, nunca me enquadrei à vida que Linda queria que eu vivesse. Ela desejava um marido 'normal' e qualquer pessoa que me conhecesse poderia atestar sobre o fato de que eu podia ser tudo, exceto 'normal'. Os empregos que tive nunca deram muito certo e nunca conseguimos adquirir aquela casa da qual falávamos. Parecia que estávamos nadando contra a correnteza, contra a corrente natural da vida que eu sonhava viver.

No entanto, Linda via as coisas de maneira muito diferente. Esta era sua vida, a família que ela queria e o fato de eu nunca me comprometer com isto a deprimia. Ela não conseguia entender exatamente o que faltava ou o que estava errado. Mas éramos jovens e, mesmo quando tentávamos o máximo que podíamos, quase nada se encaixava bem. Eu queria mudar o curso das coisas, queria adaptar-me e acomodar-me à família, mas falhava e buscava um lugar de descanso no mundo.

Linda e eu nos separamos em dois anos e passei a mudar de um emprego para outro, fazendo dinheiro apenas para minha sobrevivência. As últimas reminiscências de minha vida anterior tinham desaparecido e eu vagava por um deserto espiritual. A voz, que na minha juventude eu tinha ouvido, se calara, silenciada por inúmeras camadas de inconsciência que eu tinha amontoado sobre a minha inocência. A dor de perder minha família e de fracassar em tudo em que eu me empenhava tornou-se insuportável e, de verdade, comecei a pensar em algo impensável. Houve momentos em que realmente pensei em pôr um fim a tudo. Minha maior vontade era que tudo acabasse.

No entanto, eu ainda tinha a minha música. Ela foi o meu refúgio, o salva-vidas que manteve meu espírito à tona durante os tempos difíceis, tão encobertos pela escuridão e pelo desespero. Música era a única coisa que eu conseguia fazer melhor do que qualquer pessoa que conhecia e ela nunca se separou de mim, desde o momento em que comecei a aprender a tocar guitarra, com a idade de doze anos. Continuei a tocar e, pouco tempo mais tarde, comecei a compor. As canções eram simples e incipientes, mas acendiam uma centelha dentro de mim que nada mais conseguia me proporcionar. Eu tinha constantemente ficado dividido entre querer ser um astro do rock e meu desejo de seguir o 'chamado', como eu já contei. O pensamento de que pudesse haver um meio de combinar estes dois amores nunca me ocorreu, pois eu acreditava que um deles era 'mundano' e o outro estava muito distante do mundo.

Anos se passaram e minha vida seguiu seu caminho por um labirinto de circunstâncias variadas. Meses às vezes se passavam em que eu nem pegava na guitarra. Então acontecia alguma coisa, ou no meu mundo externo ou no mundo interior, e a música me trazia de volta, como uma fina teia brilhante feita para tirar-me de uma caverna escura. A música retornava, minha voz se erguia acima do alarido e redescobria as ricas pastagens de minha juventude, aqueles momentos mais profundos quando eu podia ver mais do que antes. As águas então se acalmavam, o vento se suavizava e, de repente, tudo de novo fazia sentido.

Em 1990 descobri um incrível segredo. Como é que eu podia saber que minha constante preocupação com o dramático fracasso da minha vida estava na verdade alimentando meu fracasso contínuo? Os seres humanos parecem ter um impulso natural de cavar bravamente o poço de suas circunstâncias desesperadas, achando que podem livrar-se por si mesmos, por pura vontade própria. Fomos ensinados que pedir ajuda é um sinal de fraqueza e que a entrega é a mesma coisa que o fracasso.

Na verdade, o crescimento real não começa até que peçamos ajuda, quando admitimos que não conseguimos sair por nós mesmos do buraco que cavamos. E a ajuda que obtemos é feita apenas de uma lição: "Dê aquilo de que você precisa". A Oração de São Francisco imediatamente nos vem: "pois é dando que se recebe, é perdoando que somos perdoados". Ficou dolorosamente óbvio que eu não tinha a resposta, nem para mim nem para ninguém.

— Comece por aí — ouvi uma voz me dizer. — Se você quer amor tão desesperadamente, então dê amor. Se é paz que lhe falta, então ofereça-a para os outros.

A voz tinha voltado, ainda que eu não compreendesse o que estava acontecendo. Se vinha da consciência ou não, achei-me gravitando em direção a seu conselho. Um amigo apresentou-me a St. Catherine's Catholic Worker em Chicago, uma comunidade formada por seis voluntários que trabalhavam em período integral com homens e mulheres sem teto que sofriam de AIDS, em um dos bairros mais pobres da cidade. Um dia fui fazer uma visita e no dia seguinte mudei-me para lá.

Durante os dois anos seguintes vivi um estilo de vida mais franciscano do que jamais aconteceu enquanto estava com os próprios frades. A piada que eu contava muitas vezes era que eu nunca tinha vivido melhor do que quando era franciscano, uma estranha contradição: lá, tínhamos freiras que cozinhavam para nós, lavavam nossa roupa, e a casa de estudos onde vivi enquanto estava na Universidade Loyola estava longe de ser austera. A vida era muito diferente na comunidade de St. Catherine. A maior parte de nossa comida vinha de donativos e os poucos dólares que usávamos para administrar a casa vinham de vários patrocinadores que acreditavam no que estávamos fazendo. Em algumas semanas eu já tinha me esquecido de mim mesmo e começado a me concentrar nas necessidades dos outros. E, como por milagre, meus problemas pareceram evaporar-se.

Lembro-me daqueles meses como alguns dos melhores da minha vida. Aprendi mais sobre pessoas sem teto, abuso de drogas e AIDS do que podia esperar. Os rostos daquelas pessoas que ajudamos ainda estão gravados na minha mente. Quando, dois anos depois, fui-me embora, eu era um homem diferente, vivendo com prioridades e objetivos diferentes. A voz esta certa: eu tinha dado aquilo de que mais necessitava – amor. E o amor que retornou transformou minha vida.

Por volta de 1994 estava vivendo no Wisconsin com um grupo de amigos e estudando *A Course in Miracles* (Um Curso em Milagres), o livro que mudou minha vida. Eu estava com 32 anos e podia finalmente ver superadas muitas formas sombrias que tinham dominado minha vida até então. Estava conseguindo recuperar meu foco espiritual, como um fogo que quase se apaga para então reavivar-se com a súbita mudança do ar. Minha música entrou em sintonia com a minha alma, como se fossem a mesma coisa, como se ambas expressassem a mesma ânsia de inocência perdida. Por isso, foi só uma questão de tempo até eu começar a fazer arranjos musicais para preces, para as orações que me comoviam e me conquistavam. Era uma espécie de equilíbrio, o casamento da arte com o espírito, a devoção do passado e a promessa do futuro.

Um dia, um amigo deu-me uma folha de papel onde estavam escritas as preces pela paz das doze principais religiões do mundo. Peguei a folha, sentei-me sozinho em meu quarto e comecei a ler. A prece hindu pela paz era a primeira da lista:

*Deus, guiai-nos do irreal para o real.*

*Das trevas para a luz.*

*Da morte para a imortalidade.*

*Shanti, shanti, shanti para todos.*

À medida que lia a oração comecei a sentir algo extraordinário. Eu podia ouvir música, como se alguém estivesse tocando um instrumento no quarto ao lado. Então percebi que não estava ouvindo a música com os meus ouvidos, mas com o meu coração. Era a oração. A própria oração estava cantando para mim. Peguei minha guitarra e fiz o acompanhamento. A música era linda e continuou até eu terminar a canção inteira. Comecei então a ler a prece budista para a paz e a experiência se repetiu exatamente igual. Uma a uma, li as orações e toquei a música. Nenhuma delas tomou-me mais do que cinco minutos e, quando terminei, percebi que tinha recebido um presente magnífico. Também soube que ninguém recebe uma dádiva de tal magnitude a não ser que seja para compartilhá-la.

Existem épocas na vida de todos nós em que as circunstâncias se encaixam e uma porta de repente se abre para aquilo que antes havíamos perseguido em vão. Todas aquelas experiências passadas, ao viver em St. Catherine's e ao estudar *Um Curso em Milagres*, prepararam-me para aquele momento perfeito em que o Céu abriu suas portas e cantou sua oração de paz para minha alma aberta. E, como o solo totalmente crestado pela falta de chuva, bebi aquela luz e deixei que ela me ensopasse. Eu tinha esperado, embora sem paciência, por esta repentina aurora e não a deixaria passar enquanto estivéssemos ligados. A música e as orações casavam-se plenamente e eu era apenas sua testemunha.

Poucos meses depois eu estava viajando por toda a América do Norte tocando 'O Concerto da Paz'. Eu queria mostrar que todas as religiões principais do mundo apontavam na mesma direção – na direção da Paz. Chegar além dos rituais e dos dogmas que parecem separar-nos uns dos outros é uma experiência que nos une e nos torna unos. Todos nós queremos a mesma coisa, para nós mesmos e para aqueles a quem amamos. Isto é uma coisa com a qual todos concordamos, não importando onde vivemos ou que religião seguimos. A paz é a chave, para nossa sanidade interior e para a do mundo. É mais do que um caminho para a unidade, é a própria essência do objetivo.

Lembro-me de concertos onde apareciam só três pessoas. As informações a meu respeito me apresentavam como 'um trovador sem um centavo, sem teto, mendicante, que canta pela paz'. Isto não pareceu ajudar muito; apenas trouxe à baila perguntas como: "O que é um mendicante?"

— Trata-se de uma palavra que faz referência a São Francisco — respondia eu.

— Significa alguém que deixou o mundo para trás, pelo menos o desejo de fazer dinheiro e ficar rico. Que escolheu um caminho superior, que se entregou ao serviço de Deus, que abandonou tudo.

— Mas por que você precisa viver sem teto? — frequentemente perguntavam. — Não pode fazer a mesma coisa e ainda viver uma vida normal?

Eu sempre detestei essa discussão. Era como se um monge muito velho de repente possuísse meu corpo, um resquício estranho dos meses que eu tinha passado com os frades, copiando seu estilo de vida sagrado. Verdadeiramente acreditava que precisava ser pobre para servir a Deus. Como você pode ter dinheiro e ser amado por Deus? No entanto, para mim, era um mecanismo de escape sutil, porque significava que eu não precisava reagir às pressões que tinham me esmagado durante o período de meu casamento. Alardear o ideal de 'pobreza voluntária' era minha maneira de escapar, de não encarar os medos que tinham arruinado meu relacionamento com Linda e essa idéia me manteve fugindo da própria vida.

Ao mesmo tempo, algo muito profundo tinha repentinamente congelado dentro de mim. Posso ter ficado fugindo da sociedade mas eu estava correndo em direção ao meu destino. Tocar 'O Concerto da Paz' sedimentou e uniu as duas forças mais importantes da minha vida – minha música e minha espiritualidade. Uma tarde, no dia em que recebi a incrível dádiva das preces pela paz, elas se unificaram, tornaram-se a mesma. Ficou claro que eu estava sendo usado; até mesmo minhas fraquezas estavam sendo usadas como vantagens e empregadas por Deus. Que coisa estranha e ao mesmo tempo maravilhosa é ser usado desta maneira. Que presente tão especial eu tinha recebido, embora dificilmente estivesse em posição de saber disso no momento. Algumas peças do quebra-cabeça ainda estavam faltando.

No verão de 1995, muito antes de ir à Iona, recebi um convite para levar 'O Concerto da Paz' à antiga Iugoslávia, que tinha entrado em uma devastadora guerra étnica quatro anos antes. Naquela época eu estava sendo chamado de 'O Trovador da Paz', mas a idéia de tocar em zonas de guerra não me atraiu inicialmente. Eu sabia muito pouco a respeito da situação, apenas o que tinha visto e ouvido nos noticiários. Parecia amedrontador e fora de controle. Em que eu iria fazer alguma diferença, um simples músico americano que não tinha real conceito da guerra? Foi difícil para mim aceitar a direção em que eu parecia estar indo, mas o milagre que começou quando li as doze orações tinha de repente pulado para um novo e excitante nível e, assim, nada podia fazer a respeito disso.

Eu estava tocando na conferência internacional Pax Christi em Assis, na Itália, pouco antes de partir para a Croácia, quando o espírito da antiga morada de São Francisco começou a fazer sua magia agir sobre mim. Uma das coisas que aprendi durante aquela viagem, para meu grande espanto, foi que eu não era São Francisco. Eu não era como ele, nem queria, nem precisava ser como ele. De repente a sensação de meu próprio objetivo, não de nenhuma outra pessoa, me preencheu. Havia alguma coisa acontecendo, alguma coisa importante, mas eu não sabia o que era.

Seria apenas minha imaginação, traçando planos sobre as estranhas peregrinações que tinham dominado minha juventude, os anos que passei sonhando com o papel 'importante e decisivo' que eu desempenharia na história do mundo? Eram os sonhos infantis de alguém que buscava atenção, não um verdadeiro entendimento. Não, não era nada disso, era mais um conhecimento sutil, o perfume muito leve de um encontro que iria mudar tudo. Como eu poderia saber que já estava bem perto?

Quando o ônibus finalmente chegou a Rijeka, na Croácia, apanhei minha guitarra no maleiro e levantei-me para sair. Eu pude sentir a tensão se acumulando assim que atravessamos a fronteira entre a Croácia e a Eslovênia. Parecia uma dor surda que tentamos esquecer mas que domina cada um de nossos pensamentos. As respostas às questões que eu fazia a respeito da guerra, a respeito da luta sangrenta pela independência da Sérvia, ou a longa história de violência e de ódio, tudo me deu um ponto de vista unilateral, dependendo, obviamente, de quem eu olhava. Isto me fez sentir muito desconfortável. Por que tinha eu aceito o convite para vir a este lugar selvagem? O que eu poderia fazer de bom ali, eu, um americano que não tinha a menor idéia a respeito do que estava se passando? A música e as orações que criei eram minhas únicas armas e eu me questionava se eram suficientemente fortes. O Trovador da Paz estava prestes a passar pelo seu primeiro teste e eu tinha uma sensação terrível de que ainda não estava pronto para o mesmo.

Três mulheres, no entanto, tornaram suportável minha transição e ajudaram-me a compreender a real razão pela qual fui convidado a ir a esse lugar violento. Conheci Snjezana e Gordana no momento em que saí do ônibus na estação de Rijeka. Eram ambas da Suncokret, a organização de paz que tinha patrocinado minha viagem. Depois houve Nadina, a jovem que me ensinou o lado pessoal do conflito raivoso. Era uma refugiada da Bósnia, voluntária na Suncokret, que tentava convencer jovens deprimidos, croatas e bósnios, a não cometer suicídio. Era uma boa terapia para ela, tenho certeza disso, pois sua própria vida era tão incerta quanto a de qualquer uma daquelas pessoas que ela tentava ajudar.

Passei longos dias e noites com essas amigas e através delas aprendi o que significava viver em um país em guerra civil, que é a pior espécie de guerra. Amigos e vizinhos se voltam uns contra os outros de uma maneira impossível de se imaginar. Nadina, muçulmana de nascença, era de uma pequena cidade na Bósnia que estava dominada pelos sérvios da Bósnia. Gerações antes, os sérvios, devotos defensores dos ortodoxos orientais, espalharam-se pelas várias partes da Bósnia para viver entre seus vizinhos muçulmanos. E, embora esta parceria muitas vezes tivesse sucesso, pelo menos superficialmente, havia uma torrente de ressentimento sob a macia e impenetrável superfície de suas consciências, que remontava a séculos. Os sérvios sentiam que os muçulmanos eram ainda os vendidos que tinham se curvado à tirania turca centenas de anos antes e o ódio resultante seria lembrado a cada geração. Ficava de tocaia nos cantos escuros de seu inconsciente coletivo, esperando o momento certo, a abertura de que o ódio necessita para irromper e consumir tudo à sua frente.

A morte de Tito proporcionou a oportunidade perfeita, o primeiro elo em uma cadeia de circunstâncias que, repentina e violentamente, destravaram as câmaras escuras onde o ódio tinha sido trancado para ficar fervilhando. Primeiro a Eslovênia declarou sua independência, em seguida a Croácia e a guerra que se seguiu tornou-se o conflito mais chocante da Europa nos últimos cinquenta anos. No entanto, foi apenas um aquecimento para a violência horrível que logo se sucedeu. A urdidura cultural que definia a Bósnia era demasiada para se tolerar, pelo menos de uma perspectiva da Sérvia, e precisava ser rompida. Enquanto os muçulmanos esperavam ajuda da OTAN e seus aliados, foram assassinados. Cidades inteiras foram devastadas, ou 'purificadas'. Centenas de anos de animosidade finalmente encontraram seu palco e o espetáculo foi catastrófico.

Nadina contou-me sobre o dia em que seu vizinho

sérvio apareceu à sua porta. Eles se conheciam desde a infância e nunca tinham trocado nenhuma palavra áspera. Entretanto, a oportunidade de expressar sua raiva foi demais e ele a agarrou com vigor.

— Você tem vinte e quatro horas para deixar esta casa e esta cidade — disse ele com uma arma em sua mão. — Esta casa agora pertence a mim e à minha família. Se não tiver ido embora quando eu voltar, meterei uma bala na sua cabeça e em seguida estuprarei sua mãe.

O ataque destas palavras foi tão devastador quanto a selvageria que ele prometeu e Nadina quase desmaiou na porta. No entanto, sem saber como, ela se manteve ereta e não mostrou seu medo. Ela não queria dar a ele esse prazer, a satisfação de vê-la acovardar-se diante do uso brutal de força por parte dele. Horas mais tarde, Nadina e sua família se juntaram a centenas de outras pessoas que tinham recebido o mesmo ultimato, andando em fila para um futuro incerto. Deixaram sua cidade, seu país e suas vidas, até chegar finalmente a Rijeka.

Snjezana e Gordana tiveram mais sorte do que Nadina. Nascidas e criadas em Rijeka, não estavam sujeitas aos horrores comuns a tantos outros em sua terra despedaçada. Era um fato geográfico, na verdade, o resultado de estarem tão próximas da Itália. Atacar Rijeka era arriscar-se a envolver o resto da Europa e este era um jogo em que mesmo os sérvios não queriam se envolver. Suas fronteiras já estavam enfraquecidas e seus aliados eram muito poucos, portanto era melhor manter a guerra em casa e isto tornou a Bósnia o perfeito alvo.

O grupo Suncokret atendeu ao fluxo constante de refugiados que correu para Rijeka com a velocidade e a força de um ciclone. Snjezana e Gordana trabalharam principalmente com mulheres e famílias para ajudá-las a garantir as necessidades básicas da vida, alimento e abrigo de que precisavam para sobreviver, e Nadina, como mencionei antes, passava horas todos os dias sentada ao lado do telefone que atendia a crises, esperando o chamado de pessoas solitárias e perturbadas. Em alguns dias eu já sentia uma ligação inesperada com estas mulheres e um firme respeito pela maneira com que superavam cada dia desencorajador.

Foi Gordana quem fez os arranjos para convidar-me. Ela leu a carta que eu tinha mandado semanas antes, a carta em que eu dizia que estaria na Europa e queria cantar as orações da paz lá. Ela me contou que tinha sentido uma certa coisa estranha quando leu estas palavras, como se as circunstâncias que cercavam a guerra, Suncokret e o meu concerto de repente convergissem, mostrando a ela o que devia ser feito. Mas por quê? Nenhum de nós tinha uma resposta para esta pergunta, apenas a sensação de que alguma coisa muito profunda estava acontecendo, como a trama de um filme chegando ao seu clímax, sem alteração e sem deixar partes soltas.

Apresentei o concerto na Croácia muitas vezes, na televisão, no rádio e no palco. E, embora parecesse que estivesse fazendo exatamente o que eu tinha sido convidado a fazer, senti que havia alguma coisa faltando. Desde o momento em que cheguei, senti que havia outra razão pela qual eu estava lá, mas não sabia o que era. Então comecei a ouvir rumores de uma sociedade secreta de místicos que, conforme diziam, viviam em algum lugar das montanhas na fronteira entre a Croácia e a Bósnia. Ainda que ninguém parecesse saber se havia alguma coisa de verdade nesses rumores, decidi que era um mito do local e tentei esquecer a idéia por completo. Felizmente, no entanto, a idéia não me esqueceu.

À noite eu tinha sonhos que me revelavam mais do que os rumores que tinha ouvido durante o dia. Toda noite eu me via em um edifício em formato de domo, conversando com um grupo de pessoas a quem parecia conhecer mas, quando acordava de manhã, o sonho desaparecia e eu me encontrava de volta ao início. Havia um rosto que não conseguia esquecer, o de um velho que parecia saber tudo a meu respeito. Palavras e frases voltavam à minha mente durante o dia e eu via sua face como se fosse real. Mas quem eram essas pessoas e onde ia eu à noite? Havia momentos em que não conseguia saber a diferença entre o mundo real e o mundo do sonho, um com guerras e refugiados, o outro cheio de luz. Comecei a crer que havia uma conexão entre meus sonhos e os rumores que ouvia sobre a comunidade nas montanhas. Como, porém, saber com certeza?

Logo descobri que o lugar em meus sonhos não era mesmo um rumor. Conheci um homem chamado Duro que me contou que era a ligação entre o mundo e a comunidade que ele chamava de 'Os Emissários da Luz'. Disse que tinha sido instruído a levar-me até os Emissários porque eles tinham uma mensagem especial que queriam passar para o mundo. Tinham ficado rezando nessas montanhas durante muitos anos, disse o homem, e, finalmente, seu papel estava prestes a chegar a um fim. As pessoas estavam quase prontas para entrar na real experiência da paz, não apenas na idéia ou no conceito intelectual. Já era tempo para a humanidade abrir-se a um novo nível do espírito, um nível que envolvia o contato direto com o Divino. Se eu permitisse que ele me levasse aos mestres, eles me mostrariam como usar a oração para mudar o mundo. A escolha era minha.

Será que era aí que a música e as orações deveriam me levar? Comecei a perceber um padrão mas, ainda assim, não havia maneira de seguir seu traçado e descobrir a fonte. Será que tinha começado no momento em que ouvi a canção, quando as orações fizeram seus próprios arranjos musicais, sem esforço? Ou será que foi muito antes daquele dia, plantando sua semente no solo desesperado de minha falta de objetivo? Eu podia sentir a semente rompendo o solo e tentando viver. Não mais ficar dormindo sob o pó, mas erguer-se em direção ao céu e buscar um ar mais leve.

Nada poderia ter-me preparado para o que Duro me disse. Os sonhos e os sentimentos dos dias anteriores caíram como uma barra de chumbo e eu fiquei pronto para deixar qualquer coisa para trás – meus amigos, o concerto e o que se poderia chamar de meu destino. Era uma idéia louca, como Shangri-La no meio de uma zona de guerra. A região que Duro descreveu era controlada pelo exército bósnio-sérvio. Não era um passeio nas florestas que ele estava sugerindo, mas um namoro com a morte. Mesmo se tudo que ele disse a respeito dessa comunidade de mestres espirituais fosse verdade, e eu não tinha bem certeza se era, eu precisaria ser louco para segui-lo.

No entanto, estaria mentindo se dissesse que não estava intrigado. Embora tudo fosse muito distante, havia algo a respeito dessa história que eu tinha que acreditar. Era a única maneira de explicar os sonhos e as estranhas sensações que começaram quando cheguei à Croácia. Rememorei minha vida, tudo que tinha me trazido até aquele momento – as experiências místicas que tinha tido quando era criança, os franciscanos, tudo me encaminhando para a maneira maravilhosa pela qual recebi a música que acompanhava as doze orações de paz. Cada uma era uma pérola em um colar que me conduzia ao momento em que eu deveria decidir se pegaria um ônibus e retornaria à Itália ou se iria até os Emissários. Pensei a respeito de Pious e a confiança que ele tinha em mim. Ele parecia saber que alguma coisa como isto aconteceria algum dia. O que iria eu dizer? Seguiria Duro ou viraria as costas e iria embora?

Eu disse sim ao meu destino. Partimos na manhã seguinte e começamos uma caminhada pelas montanhas da antiga Iugoslávia para encontrar treze pessoas que meditavam pela paz em um edifício em formato de domo. Foi uma viagem perigosa, como uma antiga peregrinação a um lugar santo e consagrado, onde encontramos o mais tenebroso e mais perigoso de todos os adversários – o próprio medo. Duro guiou-me entre as tropas, para evitar que fôssemos apanhados, até que chegamos a um vilarejo isolado dos olhos do mundo. No centro desse lugar ficava um edifício que eu conhecia muito bem, um grande e irradiante pagode, com um teto em forma de domo. Tínhamos chegado; eu me perguntei se algum dia iria querer sair de lá.

Durante os doze dias seguintes vivi com os Emissários no alto das montanhas da Bósnia. Como Duro tinha dito, os Emissários revelaram que tinham estado rezando para que a humanidade desse o passo seguinte de sua evolução espiritual, um passo além do medo, na direção do amor. Sete homens e seis mulheres vinham juntos toda noite ao edifício com o domo; à meia-noite, sentavam-se em seus lugares marcados ao redor de uma roda com doze raios desenhada no chão. Durante as doze horas seguintes ficavam imóveis, em profunda meditação. Observá-los com os olhos físicos apenas nada revelava, mas a energia que eu sentia saindo daquela forma geométrica era espantosa.

Não sei explicar o que aquilo significava, pois ainda não consigo entender. Permitiram que eu assistisse a cada uma das meditações durante a minha visita, mas até hoje não sei apreciar completamente o significado da vigília deles. Posso, contudo, atestar o que senti em suas presenças. Era como se uma fonte de santidade jorrasse daquele lugar sagrado nas montanhas sobre todo o mundo, como uma chuva suave e refrescante. Esta chuva nos lembraria quem somos, a essência da verdade que parecemos ter esquecido. E eles iriam continuar esse ritual, como já tinham feito talvez por centenas ou milhares de anos, até que chegasse o dia em que não fossem mais necessários, quando houvesse pessoas suficientes no mundo dando aquela mesma luz a todos que encontrassem.

— O tempo é agora — ele me disse. Era o homem que eu tinha visto em meus sonhos, o velho mestre que se sentava no centro da roda, o ponto focal da comunidade, aquele a quem chamavam de 'Professor'. Encontrei-o em sua pequena cabana na floresta todas as tardes, onde ele pacientemente me explicou as verdades mais profundas que tinham me escapado durante tanto tempo, a mensagem que os Emissários queriam que o mundo inteiro ouvisse.

— Todos estão sentindo a mudança — disse-me ele — a grande mudança que foi profetizada por muitas das antigas culturas e civilizações. Os Emissários têm existido nos lugares secretos do mundo, preparando a humanidade para este momento, preparando-a de dentro para fora, pode-se dizer. É por isso que vivemos reclusos, em um país onde o ódio parece ter conquistado o amor. A energia densa em um lugar como a Bósnia realmente amplia o trabalho que fazemos, como um ponto de luz muito forte virado em direção ao lugar mais escuro. Nosso trabalho terminará quando as pessoas começarem a voltar seus olhos em direção ao amor e para longe das trevas que regeram o mundo durante tanto tempo.

— Mas por que você crê que estamos nos aproximando desse tempo? — perguntei-lhe. — As coisas estão piores do que nunca, pelo menos sob alguns aspectos. Existe maior criminalidade, mais drogas, raiva...

— Mas também existe mais amor e compaixão do que o mundo já teve até agora — respondeu ele. — São duas verdades. Pense no mundo como se fosse uma tira de borracha. Uma das mãos está puxando-a em uma direção, a outra mão na direção oposta. A tensão aumenta até acontecer o quê?

— Ela se rompe.

— Exatamente. A tensão da tira de borracha é a maior possível no instante que precede sua ruptura. E quando ela se parte, aquilo que ela estava mantendo junto se separa. Você compreende o que estou dizendo?

— Não exatamente.

— A realidade que você percebe, o mundo que você vê ao seu redor, é baseado em um único conceito – que você é separado de tudo. Você tem um corpo que parece separado dos outros corpos e tem pensamentos que são diferentes dos outros pensamentos. Está percebendo? É isto que a tira de borracha segura junto, o sistema de pensamento baseado na separação. O que estou dizendo é que tal percepção nunca foi verdadeira. Tem sido sempre uma ilusão sem fundamento na realidade. Quando a tira de borracha se romper, ou o conceito de separação acabar, então você experimentará a verdade que jaz por trás desta mentira – a lei da unidade. Você é uno com todos e com tudo, portanto, a mudança a que estou me referindo, o despertar que os profetas previram há centenas ou milhares de anos atrás, é realmente a mudança para a verdade, para a realidade em si.

— Mas, e quanto a todo o sofrimento que existe no mundo? — perguntei. — Devemos supostamente fechar nossos olhos e fingir que não existe?

— Seus olhos já estão fechados — ele disse. — Espero que os abra e resolva seus problemas de uma forma diferente. O mundo parece apresentar um número sem fim de problemas para resolver. Você se concentra em um e três outros se enroscam em você. Se entendesse que a solução de todos os seus problemas já está sob seu controle, então você seria capaz de transformar o mundo em um instante. Você acredita que levará anos ou gerações inteiras para resolver coisas como a fome, a doença e a violência. Isto é porque continua buscando respostas fora de si mesmo. A resposta está em seu interior, um simples reajuste da forma pela qual você vê tudo. Mude sua percepção e o mundo em si mudará.

— Tudo isto soa como se fosse muito simples — disse eu a ele. — Deve ser mais do que isso apenas.

— Por quê? Talvez porque seja tão simples e sua necessidade de ver tudo de maneira complicada é que o esteja mantendo longe da resposta. E se você for a resposta? E se ela não tiver nada a ver com a mudança de ninguém e o problema e a solução estiverem intimamente ligados à sua mente?

— E os outros então? — perguntei.

— Esqueça os outros. E se não houvesse ninguém mais lá fora? E se a sua decisão fosse a única que importasse?

— Não entendo o que você quer dizer.

— Um grande místico, certa vez, disse que tentar ensinar outra pessoa sobre a iluminação é como estar em um sonho e dizer que não vai acordar até que todos no sonho acordem. Você vai ficar durante muito tempo com essa atitude. O que estou tentando fazer com que veja é que sua decisão afeta a decisão de todos, simplesmente porque você faz parte de todos.

Comecei a me questionar se algum dia iria conseguir entendê-lo. Suas lições eram tão distantes da minha experiência, tão além da minha mente lógica, que parecia impossível. Ou ele estava completamente errado ou tudo que eu já tinha aprendido no mundo era uma ilusão. Era difícil dizer o que estava certo, pois os Emissários obviamente possuíam habilidades poderosas que me espantavam. Sua capacidade de ler pensamentos e controlar psiquicamente o seu ambiente era incrível. Deu-me razão mais do que suficiente para considerar seriamente o que eu ouvia, pois certamente eles sabiam de alguma coisa que eu não sabia.

Duro tinha me dito que os Emissários tinham uma mensagem que queriam que o mundo ouvisse. Esta era a verdadeira razão pela qual fui trazido à antiga Iugoslávia, não para cantar e apresentar o Concerto da Paz, mas para receber essa mensagem e então levá-la do retiro secreto nas montanhas para o resto do mundo. Durante os doze dias que passei com eles, comecei a experimentar o ritmo e o pulsar da 'mensagem dos Emissários'. Suas vidas emanavam as verdades que expressavam a mim, assim como a mudança que acreditavam estar transformando o planeta.

— A principal coisa que você dirá às pessoas é que

elas estão prontas para aquilo que está prestes a acontecer — ele me disse. — Muitos serão enganados pela simplicidade desta mensagem, mas lembre-se – as verdades mais profundas são sempre revestidas dos mais humildes invólucros. Não há nenhuma complexidade em relação ao que está para acontecer. É, na verdade, a coisa mais natural que você possa imaginar, como uma criança que entra na puberdade ou um adolescente que se torna adulto. Sempre haverá dores, reajustes e desafios, mas isto não significa que deveriam ser evitados ou temidos. Uma criança não pode interromper seu crescimento porque tem medo das transições naturais da vida. Ele ocorrerá com ou sem o seu consentimento. Mas a experiência de sua nova vida pode ser recebida de uma maneira ou de outra: pode ser uma mudança feliz ou traumática. Esta é a única escolha. O crescimento ocorrerá por si só.

— Estamos entrando na adolescência ou na idade adulta? — perguntei.

— Depende do seu ponto de vista. Sob muitos aspectos temos nos comportado como crianças e está na hora de crescermos. A mudança pode significar assumir responsabilidade pelas nossas ações e pela maneira como temos abusado dos outros e do planeta, o mesmo tipo de ajustes que uma pessoa faz quando se torna adolescente. Entretanto, a humanidade também deu saltos incríveis no aspecto da consciência. Muitos estão prontos para experimentar o que significa estar espiritualmente maduro e estes ajudarão a nutrir os outros. Somos realmente como uma família com muitos parentes em diferentes níveis de crescimento. E, além disso, somos a mesma unidade, trabalhando juntos e aprendendo o que significa estar vivo.

— Então, qual é a mensagem que você quer que o mundo ouça? — perguntei.

— Existem duas simples verdades que as pessoas precisam aceitar se quiserem mudar sem esforço para o Mundo Novo, o mundo que é baseado nas leis do amor. Você dirá às pessoas estas verdades da maneira que quiser. Há muitas pessoas que já escolheram dar o importante passo de se tornar os 'Novos Emissários' e elas irão entender. São aquelas a quem você está sendo enviado para ajudar e elas não interpretarão errado a simplicidade da mensagem, elas serão estimuladas pela mensagem.

Então o Professor me contou a mensagem do Emissário, as duas simples verdades que mudaram minha vida. Nos últimos três anos tenho viajado pelo mundo expressando essas verdades da maneira que posso. Elas mudaram a vida de muitas pessoas, simplesmente porque finalmente estamos prontos para ouvi-las.

— A primeira mensagem pode se resumir em três palavras – *Você está pronto*. Está pronto para livrar-se das crenças cheias de medo que o mantêm preso ao conceito da separação. Pronto para aceitar a realidade do amor que é a base de sua existência. E pronto para dar amor a todos, de todas as maneiras, pois esta é a única maneira pela qual você o experimentará por completo. Estas três palavras, tão facilmente esquecidas, são catalisadores que acionam sua experiência de um Mundo Novo, um mundo onde o ódio e a guerra serão esquecidos e a paz será a única lei.

— A segunda mensagem pode ser dita também em três palavras – *Você é Santo*. Quem você realmente é, a essência percebida por Deus, está além do escopo de sua imaginação. Se você for uno com o Pulsar Divino da Criação, então também será uno com a santidade de Deus. Isto não pode ser mudado, porque Deus é imutável. Quando entender isto, quando começar a perceber esta verdade dentro de todos que conhecer, inclusive dentro de você mesmo, então o mundo mudará por si. Você verá o milagre do amor desenrolar-se diante de seus olhos, simplesmente porque você afirmou o que é verdade, que você é uno com Deus e, portanto, com todos. Você é santo e isto não pode ser mudado. Alegre-se com este conhecimento, pois ele é a base do Mundo Novo, o mundo em que você está prestes a entrar.

Então ele disse algo que nunca esquecerei, palavras que assombraram minha memória pelos três anos seguintes.

— Quando aceitar estas mensagens, que você está pronto e que a verdade em você é a verdadeira essência da santidade, então conhecerá o próximo mestre – O Mensageiro do Amor. É este mestre que o levará através da Porta da Eternidade até o próprio trono da alma. Quando você e os outros abrirem o coração a esta experiência, então a humanidade entrará em uma nova era, regida pela compaixão e pela graça. Nesse momento você entenderá tudo, não com a sua mente mas com o seu coração.

— O que é a Porta da Eternidade? — perguntei.

— É uma passagem para o mundo real, uma ponte que conecta este mundo com a sua verdadeira casa, que você pode chamar de Céu. Ela tem estado sempre diante de você, esperando que entre. Entretanto, você foi convencido de que deve morrer para entrar, como se seu corpo fosse a barreira que o separa da alegria que Deus lhe daria. A única barreira que bloqueia sua entrada é seu medo. Quando você se libertar dos padrões cheios de medo que regeram sua vida e aceitar o amor que o liga ao Divino, então o Céu o embalará como uma mãe faz a seu filho. Você é como a criança que fica chorando porque acredita que quer ficar sozinha. São os braços da mãe que ela busca, não a solidão. Na sua arrogância, você negou o amor que o tornaria livre. No entanto, esse amor nunca o deixou, ficou esperando o momento em que abrisse os olhos e o aceitasse.

— Como vou passar por essa porta?

— Não posso lhe dizer. O próximo mestre lhe explicará tudo. Você terá que passar por muitos testes antes que ele chegue até você, mas, quando estiver pronto, quando a própria humanidade estiver pronta, a Porta se abrirá e haverá um caminho para o Céu.

Muitas coisas extraordinárias aconteceram durante os dias que passei com os Emissários da Luz, mas as palavras que ouvi do Professor naquele dia em particular mudaram tudo. Eu sabia que devotaria minha vida a partilhar a mensagem deles, mas não podia imaginar o que viria pela frente, todas as aventuras e desafios. Lá estava eu, no meio de uma guerra que não entendia, um conflito étnico que parecia contradizer tudo que os Emissários estavam me contando. Ainda havia muitas dúvidas, algo muito sério havia me acontecido nas montanhas da Bósnia e tudo o que eu queria era partilhar a minha experiência.

O livro *Emissário da Luz – Uma Visão de Paz* foi publicado um ano mais tarde. Comecei a viajar pelo mundo contando às pessoas as duas simples verdades que os Emissários tinham partilhado comigo. Em pouco tempo comecei a ser convidado para ir a mais países que estavam experimentando extrema violência e o Concerto da Paz começou a ter um impacto incrível na política internacional. Saddam Hussein, o presidente sitiado do Iraque, pediu-me para tocar o Concerto da Paz em Bagdá na mesma semana em que outra guerra parecia inevitável. Dias mais tarde recebi um convite de um oficial do governo da Irlanda do Norte para cantar em Stormont Castle, em Belfast, durante as conversações de paz que ali aconteciam. Concertos em Jerusalém, no México e nas Nações Unidas também provaram que havia alguma coisa incrível nos acontecendo. Toda vez que eu tocava, milhões de pessoas se reuniam pelo mundo todo em pequenos grupos, em igrejas, em suas casas e até mesmo através da Internet, para orar pela paz. E, de cada vez, um poderoso pulsar ecoava através do mundo inteiro, chamando a humanidade para despertar o espírito da compaixão e do perdão.

No entanto, continuei me fazendo uma pergunta: quem será o próximo mestre que o Professor chamava de O Mensageiro do Amor? Ele disse que esse mestre simbolizaria a mudança na consciência do medo para a compaixão e eu comecei a sentir que ele não era só para mim, mas para todo o mundo. A impaciência me apunhalava o coração. Quando será que eu iria conhecer aquele que me faria atravessar a Porta da Eternidade?

Em março de 1997, recebi uma carta de um homem chamado Risto Rundo convidando-me a tocar o Concerto da Paz em Belgrado, capital da Sérvia. O acordo de paz que terminava a guerra com a Bósnia tinha sido assinado um ano antes, mas a tensão ainda era extremamente alta. Naquela época, dezenas de milhares de demonstradores estavam saindo às ruas de Belgrado todos os dias para protestar contra a política tirânica do presidente. O convite me desafiou a levar adiante a missão à qual tinha dedicado minha vida – continuar a servir como Trovador da Paz.

— Precisamos deste concerto — dizia ele na carta. — Nossa ânsia de paz é imensa.

Mais ou menos ao mesmo tempo, uma pessoa não identificada enviou-me um folheto que destacava um artigo chamado 'A mandala de Zagreb'. Dizia que havia um certo número de jovens na Croácia e na Eslovênia que tinha tido uma visão de uma roda de doze raios. A visão tinha sido tão intensa que eles desenharam a roda no chão e a usaram como foco de suas meditações. Quando olhei para o desenho publicado, fiquei atônito. Era quase idêntica à roda dos Emissários que eu tinha visto nas montanhas da Bósnia, a roda que era o centro de suas meditações místicas. Devia haver uma conexão entre estas pessoas e os Emissários que eu tinha conhecido e, visto que eu logo iria para Belgrado, decidi que era a oportunidade perfeita para descobrir exatamente qual era essa conexão.

Liguei para os editores do folheto e lhes contei minha história. Em seguida pedi-lhes um número de telefone na

Croácia.

— Você não precisa esperar para vê-los na Croácia — disse a mulher — Duas das principais pessoas do grupo, Ishtar e Maya, estão no Sul da Califórnia, em San Diego, creio. Pode entrar em contato com elas lá, se quiser.

O fato que eu estava fazendo o chamado de Los Angeles tornou minha escolha decididamente fácil. Liguei para o número que me foi dado e falei primeiro com Maya e, depois de alguns momentos, decidimos nos encontrar. Então contei-lhe a respeito dos Emissários, questionando-me se minha história fazia algum sentido para ela. Houve uma longa pausa do outro lado da linha quando terminei o relato.

— Venha assim que puder — disse-me ela. — É muito importante que conversemos... na verdade, é urgente.

Dirigi até San Diego no dia seguinte com minha amiga Jennifer. A viagem de duas horas ajudou-me a arejar muitos dos pensamentos que giravam em minha mente, as questões confusas e desconjuntadas que me dominavam desde um ano e meio atrás, quando encontrei-me pela primeira vez com os Emissários. Talvez este seja o início da nova fase, pensei comigo mesmo. Talvez eles saibam quem é o 'próximo mestre'.

— Não acha que o 'próximo mestre' virá quando você estiver pronto? — disse Jennifer. — Quanto mais pensar a respeito disto, mais vai demorar, se quer minha opinião. Relaxe e faça o que os Emissários lhe disseram para fazer. O livro já foi publicado e as pessoas estão recebendo a mensagem. É por isso que você veio aqui, em primeiro lugar. Quando for o momento certo, acontecerá.

— Não consigo parar de pensar a respeito — eu lhe respondi. — Havia alguma coisa a respeito da maneira pela qual o Professor descreveu o 'próximo mestre' que parecia muito urgente. Estou contente que o livro já tenha sido publicado e feliz que a mensagem dos Emissários esteja sendo ouvida, mas este é o próximo passo para mim. Sinto como se estivesse imobilizado até aparecer o 'próximo mestre'.

— É exatamente o que estou dizendo. Você está imobilizado porque quer. Deram-lhe um trabalho incrível, viajar pelo mundo todo divulgando tudo o que aprendeu com os Emissários. Se ficar se concentrando no que acha que vai acontecer no futuro, vai acabar perdendo o que está acontecendo à sua frente.

Quando chegamos ao complexo de apartamentos onde Maya e Ishtar estavam, senti algo muito estranho no estômago. Ficamos parados perto do carro por um momento e fiquei pensando no que estava me acontecendo.

— O que há? — perguntou Jennifer.

— Não estou bem certo. Assim que saímos do carro, senti algo me apertando o plexo solar. É como se, por alguma razão, eu não devesse estar aqui.

— Viajamos duas horas para chegar aqui — disse ela. — Que bem vai nos fazer se entrarmos novamente no carro e formos embora agora?

Ela estava certa. Eu não fazia idéia do que a sensação significava, se é que tinha qualquer significado. Maya e Ishtar poderiam ser a conexão que me levaria ao 'próximo mestre', pensei comigo mesmo. Eu não iria voltar de maneira nenhuma.

Batemos à porta e ouvimos o fecho de segurança ser aberto. Maya abriu-a sorrindo, seu cabelo louro e longo ainda molhado.

— Desculpem, eu estava acabando de me vestir — disse ela. — Por favor, entrem. Ishtar estará pronto em poucos instantes.

Ela nos levou a um pequeno aposento com três cadeiras, a sala de estar pelo que pudemos perceber. Sentamo-nos e Maya desapareceu na cozinha.

— Gostariam de um chá? — perguntou. Olhei para Jennifer e ela sacudiu a cabeça, negando.

— Não, obrigado — respondi. — Não se incomode. E me diga, há quanto tempo estão em San Diego?

Maya voltou à sala e sentou-se à minha frente. Parecia muito jovem, mais jovem do que seus dezenove anos. No entanto, seus olhos me diziam mais, a espécie de olhos de alguém que passou pela dor e pelo sofrimento. Eram cansados e escuros, como se precisassem de um longo descanso. Por outro lado, parecia uma adolescente como outra qualquer, independente de onde fosse.

— Faz uma semana — disse ela enquanto bebericava uma xícara de chá. — Estamos no Sul da Califórnia há quase um mês, mas vamos esperar Ishtar antes de lhes contar nossa história.

Foi então que um homem, alto e magro, com olhos profundos e penetrantes, saiu do quarto. Jennifer e eu nos levantamos para cumprimentá-lo.

— Sou Ishtar — disse ele, e, em seguida, sentou-se ao lado de Maya.

— Agora que estamos todos aqui podemos começar — disse Maya. — Pelo que você me contou ao telefone, acho que temos muito em comum. Ishtar é quem teve a visão da roda. É por causa dele que muitos de nós se reuniram para meditar pela paz. Mas esta é apenas uma das razões pelas quais nos sentamos ao redor da roda. Acreditamos que é o momento de ascender e precisamos encontrar nossa família de evolução aqui na terra. Cada um de nós teve um sonho com uma comunidade de mestres espirituais que vivem em algum lugar do Sul da Califórnia, achamos que é algum lugar nas montanhas e sabemos que são as pessoas que precisamos encontrar. Elas estão prontas para ascender e queremos ir junto.

Enquanto Maya falava, Ishtar me olhava, como se seus

olhos fossem raios laser que cortassem minha consciência. Não disse uma só palavra, mas observava Jennifer e a mim com uma fixidez sem hesitação.

— Em nosso sonho — continuou Maya — o sonho que tivemos juntos na mesma noite, vimos uma casa que acreditamos ser em Pacific Palisades. As pessoas que vivem naquela casa saberão a respeito dessa comunidade e nos levarão lá.

— O que vocês acreditam que irá então acontecer? — perguntei.

— Vamos ascender — finalmente falou Ishtar, com um tom profundo na voz. — Eis porque viemos aqui e precisamos encontrá-los.

— Ligamos para centenas de pessoas que estão buscando essa casa — disse Maya, colocando sua mão sobre a de Ishtar. — Cada uma delas nos deu alguns nomes mais e lhes fizemos a mesma pergunta. Descrevemos a casa que vimos em sonho e lhes perguntamos se sabiam onde era. Todo dia temos andado pelas redondezas de Pacific Palisades olhando, mas ainda não a encontramos. Não temos dinheiro e, até recentemente, dormíamos onde era possível. Estamos aqui em San Diego visitando um amigo. Em uma semana voltaremos a Los Angeles e continuaremos nossa busca.

— Onde vão ficar? — perguntou Jennifer.

— Duas semanas atrás encontramo-nos com um padre chamado Frei John e ele nos levou para sua casa — disse Maya. — Ele foi à Croácia e à Bósnia várias vezes, fazendo o mesmo tipo de trabalho que você faz, Jimmy. Creio que deveria conhecê-lo. Pode ser importante para ambos.

Olhei para Jennifer e percebi que ela estava se sentindo desconfortável. Assim que tivesse uma oportunidade, eu tentaria dirigir a conversa para uma conclusão natural.

— Esses Emissários que você encontrou, eles se parecem muito com as pessoas que estamos procurando —

disse repentinamente Ishtar.

— Sua descrição é muito parecida — respondi. — E o fato de que eu conheci os Emissários no país de vocês e agora vocês estão aqui, no meu país, procurando o mesmo tipo de comunidade é muito intrigante.

— Creio que você sabe onde precisamos ir — continuou ele. — Se esteve com os Emissários, então, talvez possa encontrá-los novamente. Talvez eles tenham saído da Croácia e chegado até aqui.

Eu queria ajudá-los mas sabia que não podia. Eles estavam obviamente buscando algo, mas também senti que não eram suficientemente centrados na terra para entender o que estavam realmente buscando. Pareciam estar em busca de um caminho para fora do mundo e, a julgar pelo que tinham passado em suas vidas, não seria nenhuma surpresa. O que aprendi com os Emissários nada tinha a ver com abandonar o mundo, pelo contrário, tinha a ver com viver plenamente nele. Ascensão não é uma válvula de escape, mas o resultado natural da desistência de todas as formas de fuga. Mas como podia eu explicar isto a eles? Sua dor era tão funda e sua busca tão vasta que tinham de realizá-la por si mesmos.

— Gostaria de poder ajudá-los — disse-lhes. — Mas não sei nada a respeito dos Emissários estarem por aqui ou em qualquer outro lugar.

Momentos depois, Jennifer e eu estávamos no carro, prontos para partir.

— Fiquei com pena deles — Jennifer disse enquanto abria a porta.

— Por quê?

— Porque são obviamente muito sinceros. Mas é também muito óbvio que não estão prontos para qualquer coisa que estejam buscando. No entanto, provavelmente eu pensaria da mesma maneira a seu respeito se o tivesse conhecido na Croácia.

Foi então que Maya correu até o carro e me deu um pedaço de papel.

— Este é o número do telefone do Frei John — disse ela. — Por favor, ligue para ele quando puder. Acredito piamente que vocês devem se conhecer, não importa o que você pense de nós.

A partir do momento em que deixamos Maya e Ishtar senti o peso no estômago crescer até se tornar quase insuportável. Algo parecia estar tentando me afastar deles e cada vez que eu pensava em ligar para o Frei John, a sensação se intensificava. Eu queria jogar fora seu número de telefone e dar o assunto por encerrado. Mas, e se ele tivesse a pista que eu estava procurando? As circunstâncias pareciam estar me levando em sua direção e, ao mesmo tempo, me afastando.

Decidi ligar para o Frei John três dias depois da nossa visita a Maya e Ishtar. Para meu grande espanto, logo que atendeu, senti o peso em mim desaparecer. Apresentei-me e contei-lhe quem tinha me dado seu número de telefone.

— Sim, Maya me disse que você talvez ligasse. Parece que você teve uma grande aventura na antiga Iugoslávia. Acabei de comprar seu livro *Emissário da Luz*, mas ainda não tive a oportunidade de lê-lo.

— Maya contou-me que você também esteve na Bósnia — disse eu.

— Sim, por diversas vezes. Fiquei em Sarajevo uma vez durante a guerra, depois voltei um ano mais tarde para instalar um marco da paz no exato ponto onde o Arquiduque Ferdinando foi assassinado em 1914, o que fez estourar a

Primeira Guerra Mundial. Parece que a terra tem uma tendência a relembrar eventos poderosos no nível energético, é claro, independentemente de serem positivos ou negativos. Creio que instalar um poste para lembrar a paz e rezar certas orações pode ajudar a neutralizar um vórtice negativo e trazê-lo de volta ao normal. Aquela foi uma das minhas áreas de trabalho mais bizarras ultimamente.

Eu então contei-lhe a respeito do concerto que tinha já programado para Belgrado. Ele respondeu que tinha muita vontade, já há bastante tempo, de ir à Sérvia.

— Existe uma região da Sérvia chamada Kosovo que está prestes a explodir em uma guerra étnica — contou ele — Em Kosovo existe um lugar chamado 'Campo dos Pássaros Pretos' que tem sido um ponto energético zero para todos os eventos negativos que aconteceram lá nos últimos seiscentos anos. Durante as últimas Cruzadas houve uma batalha nessa pequena área e uma grande parte do exército da Sérvia foi assassinada. Tornou-se o grito de guerra deles 'Lembrem-se do Campo dos Pássaros Pretos' e têm repetido esse grito desde então. Quase todo conflito naquela região do mundo teve alguma conexão com aquele campo. Acredito que é porque a própria terra não foi curada. É continuamente reenergizada pela atenção negativa dada a ela pelo povo sérvio. Quero ir até lá com um poste pela paz e realizar a mesma cerimônia que fizemos em Sarajevo. Acredito que podemos curar a terra e, assim fazendo, começar a cura de toda a região.

Definitivamente ele não falava como nenhum outro padre que eu tivesse ouvido antes. Os padres normalmente não acreditam em coisas tais como 'curar a terra' ou 'vórtices de energia negativa'. Nem que fosse só por isso, eu sabia que precisava conhecê-lo. Ele concordou e decidimos que Jennifer e eu iríamos à sua casa na noite seguinte.

— Li seu livro *Emissário da Luz* hoje e devo dizer que estou espantado — disse John assim que chegamos.

Era um homem pequeno e descabelado, vestindo um agasalho azul com um medalhão de Nossa Senhora pendurado no pescoço. Sua aparência me fez pensar que estávamos prontos para um passeio, mas então olhei em seus olhos e senti uma absoluta compaixão saindo deles, como se ele irradiasse paz. Sentamo-nos com ele a uma mesa de cozinha, que ficava no centro da sala de estar. Estava forrada de papéis e o aposento inteiro estava cheio de livros e fotografias.

— O que foi que o deixou espantado no livro? — perguntei.

— Bem, isto pode levar um certo tempo para se explicar, mas sinto que é importante que tenha um quadro completo de quem são realmente estas pessoas. Deixe-me começar fazendo-lhe algumas perguntas: você sabe de onde os Emissários vêm ou de qual linhagem espiritual?

— Não sei nada disso — respondi. — Disseram que os Emissários já existem há centenas de anos, de uma forma ou de outra, e que são de uma antiga escola de mistérios.

— Está certo, mas sabe onde ou como começaram?

— Não... na verdade – perguntei isso muitas vezes, mas nunca me davam resposta. Diziam que não era importante e que eu deveria concentrar-me só em pontos importantes.

— Podem estar certos mas, pessoalmente, acredito que existe uma razão para discutir a origem deles com mais profundidade. Antes de falarmos nisso, acho que devo explicar determinadas coisas. Em primeiro lugar, você sabe as três ordens básicas que Jesus deu a seus apóstolos nos evangelhos?

Fiquei imediatamente confuso com esta pergunta e me questionei onde ele estava querendo me levar. Era como se nossa conversa tivesse se transformado em uma aula de história bíblica.

— A primeira ordem foi dada a todos os apóstolos na Última Ceia — continuou John. — Ele lhes disse para se amarem uns aos outros incondicionalmente. Mais tarde, disse a Pedro: "Apascente as minhas ovelhas". Finalmente, durante a crucificação disse a João: "Esta é sua mãe", referindo-se, é claro, a Maria; e o evangelho segue dizendo que João levou Maria para a casa dele. Estas foram as únicas ocasiões em que Jesus deu ordens diretas a seus apóstolos.

— Como é que isto se aplica aos Emissários? — perguntei.

— Vamos analisar a natureza destas três ordens — disse John, como se eu nada tivesse falado. — A primeira, suas palavras aos apóstolos, foram na verdade dirigidas à comunidade de crentes, que iríamos chamar de igreja. Ele estava nos dando, em termos muito simples e públicos, a base de todos os seus ensinamentos. A segunda, as palavras que disse a Pedro, foram, na verdade, faladas para a instituição. A responsabilidade principal da igreja institucional é prover as necessidades espirituais das pessoas. A ordem mais misteriosa é aquela que Ele deu a João — continuou. — Agora, lembre-se que João é referido como 'o apóstolo a quem Jesus amava'. Isto tinha a ver com o profundo laço místico que existia entre Jesus e João e que é a pista que estamos buscando. Quando estava morrendo na cruz, Jesus disse a João "Cuide de sua mãe" e, para Maria, "Mulher, cuide do seu filho". Também sabemos que João foi o único apóstolo que não foi martirizado. Fica claro que seu papel era especial, que tinha recebido a responsabilidade pelo relacionamento mais sagrado de Jesus, o que Ele tinha com sua mãe.

Eu estava ficando confuso e estava sendo difícil acompanhar o raciocínio daquele homem. Ainda não havia nenhum elo direto com os Emissários e essa era a única razão pela qual eu estava prestando atenção. Ainda que tudo fosse muito intrigante, não estava me levando mais próximo de descobrir a identidade do 'próximo mestre'.

— Existe só mais uma passagem que quero lembrá-lo — continuou ele sem qualquer pausa. — No final do quarto evangelho, Pedro olha para João e diz: "Senhor, o que este homem fará?" Jesus replica: "Se é meu desejo que ele fique esperando até minha volta, por que isto lhe interessa?" Por que Pedro teria feito essa pergunta? E, o mais importante, o que Jesus quis dizer com isso? Havia alguma coisa a respeito do relacionamento entre Pedro e João que Pedro nunca entendeu. O papel de Pedro era estar à frente da instituição e assim ele se tornou o primeiro papa. No entanto, o papel de João era segredo. A ele foi dado cuidar da mãe de Jesus e isto é quase tudo que ouvimos dele. A instituição, da qual Pedro era o encarregado, não tinha idéia de qual era o verdadeiro papel de João. Continuando estas idéias, a maior parte dos historiadores admite que o Evangelho de João, as Epístolas de João e o Livro das Revelações, embora sejam todos atribuídos ao mesmo discípulo, foram na verdade escritos por duas ou três pessoas diferentes. Acredita-se que João fundou um grupo chamado A Comunidade do Amado Discípulo e que os membros dessa comunidade, sob a orientação do santo, aproveitaram suas palavras e escreveram-nas. As últimas palavras que Jesus disse a João antes de morrer tornaram-se a base e o foco de suas vidas: "Esta é sua mãe". Eles a levaram para suas casas ou seus corações e então esperaram o retorno do Cristo.

Comecei a ver um padrão se desenvolvendo nesse tortuoso caminho. As peças estavam começando a se encaixar e eu precisava apenas ter mais um pouco de paciência.

— O que aconteceu a essa comunidade? — perguntei-lhe.

— Ninguém sabe exatamente. Algumas pessoas acreditam que foram para terras subterrâneas, pelo menos os ramos mais esotéricos da ordem. Mais tarde, muitos setores da comunidade foram considerados hereges e massacrados pela igreja. Por exemplo, a única nação a tornar essa sociedade esotérica sua religião oficial foi a que hoje conhecemos como Bósnia. Eles foram chamados os 'bogomils', que significa 'os que amam a Deus'. Os cátaros e os cavaleiros templários foram todos membros da ordem, mas foram também massacrados. Durante a Era das Trevas, todo aquele que não seguisse o rito estabelecido era morto ou forçado a se conformar. Parecia que a ordem esotérica iniciada por São João tinha sido destruída.

— Mas não tinha, não é? — disse eu, quando finalmente vi onde ele estava querendo chegar. — Você acredita que os Emissários da Luz sejam parte dessa ordem, não é?

— Parece fazer sentido — disse John, levantando-se de sua cadeira. — Talvez eu deva lhe explicar uma coisa. Embora eu seja um padre, sempre soube que também faço parte da Comunidade do Amado Discípulo. Sou, no senso mais estrito da palavra, um herege na minha própria igreja. Isto, obviamente, não é algo que eu possa falar publicamente, mas é verdade. Sempre tem sido um dos meus objetivos restabelecer a ordem. Também sei que ela continua até hoje, mas apenas em sigilo absoluto. É uma tradição muito antiga que as comunidades orem pela evolução da humanidade, assim como esperem pelo retorno da Luz de Cristo. E isto se enquadra perfeitamente com os seus Emissários.

— O fato de os Emissários estarem na Bósnia também faz sentido - disse eu. — Se o que você disse é verdade, que a Bósnia foi o único país onde a sociedade se tornou a religião oficial, então isto explica porque os Emissários estavam lá.

— É verdade — respondeu ele. — Tudo isto pode ser encontrado em um grande número de livros. Na verdade, falando no senso estrito, eles nem mesmo se denominaram bogomils. Simplesmente se chamavam cristãos e não tinham hierarquia, nem papa, homens e mulheres eram iguais. Sua fé e suas vidas eram de espantosa simplicidade. Como resultado eram uma grande ameaça para a igreja institucional e, desse ponto de vista, precisavam ser impedidos. A Bósnia, como você bem sabe, está espremida entre a Croácia e a Sérvia. Os católicos croatas e os ortodoxos sérvios perseguiram os bogomils terrivelmente e isto continua até hoje.

— Isto me soa como se a confusão tivesse começado com Pedro e João — acrescentou Jennifer. — Essa linha do evangelho que você mencionou antes, que Pedro não devia se preocupar com o que Jesus tinha pedido a João para fazer... é óbvio que uma divisão ou um certo cisma foi criado.

— É isso mesmo — disse John. — Na última página do evangelho você tem uma clara distinção entre o papel da igreja voltada para fora, dirigida por Pedro, e a missão da comunidade voltada para dentro, inspirada por João. À medida que a igreja crescia e ganhava influência, tornou-se cada vez mais difícil para a hierarquia saber o que seu lado mais secreto estava fazendo. Pedro tinha as palavras de Jesus para confirmar o papel de João, mas o que acontece mil anos mais tarde, quando a igreja já se tornou uma instituição política corrupta? Durante as centenas de anos que se seguiram a igreja lançou várias inquisições para destruir essas comunidades. Foi isso que os fez se ocultarem e assim permanecem até hoje.

— O fato de que eu fui levado até os Emissários e solicitado a divulgar seus ensinamentos indica que eles não se manterão mais secretos — disse eu.

— Concordo — disse John. — Como diz Jesus no Evangelho, a linhagem de João esperaria a segunda vinda de Cristo. Seus Emissários falaram de um novo mestre, o Mensageiro do Amor. Acredito que esse mestre, quem quer que seja ele, é quem vai trazer a luz pela qual estamos esperando. Os Emissários na verdade quebraram seu silêncio e, como João Batista, que preparou o caminho de Jesus, temos todos que preparar o caminho novamente.

De repente eu estava sufocado pela importância desta descoberta. Quando o Professor disse para contar às pessoas que elas estavam prontas para a transformação que estava próxima, ele quis dizer literalmente isso. Disse que as pessoas precisavam ser ativadas a entender a revelação que estava vindo, senão essa informação passaria desapercebida. Da mesma maneira, João Batista andou por Israel dizendo às pessoas para se arrepender e preparar o caminho do Senhor. Ele também estava ativando as pessoas para que pudessem ouvir a mensagem de Jesus. Dois mil anos mais tarde, a mesma mensagem está sendo novamente ouvida, não só através dos Emissários mas em todo o mundo.

— Tenho esperado uma oportunidade como esta por muito tempo — disse-me John. — Acredito que os Emissários que você encontrou nas montanhas da Bósnia são o ramo mais secreto e escondido da Comunidade do Amado Discípulo fundada por São João. Também creio que sabem o que apenas suspeitamos, que o tempo da Segunda Vinda está próximo. Além disso, tenho uma sensação de que sei quem esse 'próximo mestre' é, mas não posso dizer nada a respeito disto ainda. Existe uma mulher que eu quero que conheça, uma xamã que vive aqui em Los Angeles chamada Shrinat Devi. Acredito que ela saberá o que devemos fazer a seguir. Mas devemos esperar até estarmos prontos para ir para a Sérvia antes de irmos vê-la.

— Não estou entendendo — disse eu. — Você está planejando vir comigo?

— Sinto que é importante que eu vá e instale um poste pela paz no Campo dos Pássaros Pretos. Acho que seu concerto é a desculpa perfeita e, uma vez que estejamos lá, poderemos fazer o trabalho de verdade. Também acredito que ficaremos sabendo mais a respeito do 'próximo mestre' de quem os Emissários falam. É isto o que você quer, não é?

Concordei e decidimos planejar a viagem juntos. A súbita mudança de direção atrapalhou-me, mas senti que estava tudo bem. Havia algo a respeito de Frei John que me intrigava totalmente e seu conhecimento a respeito da linhagem de São João parecia, de repente, inestimável. Jennifer e eu nos despedimos e prometi ligar para ele no dia seguinte para conseguir nossos visas nos passaportes e tratar de nosso vôo.

*(De um artigo apresentado pelo Frei John intitulado: O real significado da batalha de Kosovo)*

*A batalha de Kosovo aconteceu em 28 de junho de 1389 entre uma coalizão cristã conduzida pelo Czar Lazar da Sérvia e as forças muçulmanas turcas do Rei Murad. Além de ser um grande líder, o Czar Lazar também era um homem muito espiritualizado e santo. Em uma história contada a toda criança em idade escolar na Sérvia, desde incontáveis gerações, relembra-se um extraordinário evento. Na noite anterior à batalha o profeta Elias, aparecendo sob a forma de um falcão cinzento, trouxe ao Czar Lazar uma mensagem diretamente da Mãe Abençoada, Maria: ele poderia ter uma grande vitória material ou espiritual. Ficava à sua escolha. Se decidisse pela vitória material e o reino da terra, ele e suas tropas triunfariam no campo de batalha. Se preferisse a vitória espiritual e o reino do céu, morreriam todos. Sendo um homem de profunda fé cristã, o Czar não hesitou e escolheu a vitória espiritual. No dia seguinte a batalha foi perdida e tanto o Czar Lazar quanto o Rei Murad foram mortos.*

*O significado da vitória espiritual prometida era a liberação ou a morte e a derrota do nacionalismo étnico e religioso para a criação de algo maior, um singular estado muçulmano dos Balcãs, com cultura cristã. A escolha do Czar Lazar pelo reino espiritual levou, eventualmente, ao florescimento de diversas culturas étnicas e religiosas, todas vivendo juntas em paz e respeito mútuo. Isto foi mais profundo na Bósnia e, particularmente, em Sarajevo, onde a catedral católica romana, a antiga mesquita, a velha igreja ortodoxa sérvia e o templo judeu sefardita ficavam todos muito próximos uns dos outros. Assim, Sarajevo tornou-se um modelo de esperança para o futuro do mundo e um baluarte contra o fundamentalismo e o fanatismo religioso.*

*A falha dos nacionalistas sérvios em entender o significado da vitória espiritual e a reação deles à perda material levaram às suas tentativas, desde então, de reverter ou desfazer tudo – como se a batalha nunca tivesse sido perdida, como se os muçulmanos nunca tivessem estado em Kosovo, como se as centenas de anos de florescimento cultural e legado único dos muçulmanos e dos cristãos vivendo juntos nunca tivesse ocorrido, como se o Czar Lazar tivesse escolhido a vitória material ao invés da espiritual. O monumento à batalha de Kosovo no Campo dos Pássaros Pretos transformou-se, de símbolo do nacionalismo étnico e religioso sérvio, no símbolo dos próprios valores que o Czar Lazar tinha repudiado na sua escolha pela vitória espiritual. A Sérvia foi contra seu maior líder espiritual, seu voto e sua escolha e contra a promessa da Mãe Abençoada feita a ele.*

*Isto afastou a realização de seu destino espiritual, que era a meta do grande sacrifício do Czar Lazar, e tornou os sérvios os agentes inadvertidos das forças das trevas com as quais tinham inconscientemente se aliado. Isto transformou sua nação em um instrumento ou um portal pelo qual um grande mal viria para o mundo para causar-lhes o maior dano e sofrimento possível, para eles e para os outros.*

*É bem sabido que a Primeira Grande Guerra foi acionada pelo assassinato do Arquiduque Ferdinando em Sarajevo, em junho de 1914, por um homem sérvio chamado Gavrilo Princep. Isto, por sua vez, preparou o caminho para a Segunda Grande Guerra, o surgimento de Adolf Hitler e do partido nazista, o holocausto e muitos outros horrores. Esse período tem por vezes sido chamado de a Grande Guerra de 1914/1945.*

*A guerra na antiga Iugoslávia foi o encerramento de*

*quase um século de estado de guerra europeu com violência étnica, não vista desde Hitler. O que não é bem conhecido é o relacionamento de todos estes eventos com Kosovo e com a promessa para o Czar Lazar.*

*Gavrilo Princep, um nacionalista sérvio, escolheu especificamente o dia de 28 de junho para assassinar o arquiduque. Era o aniversário da batalha de Kosovo, mas o que ele não sabia era a verdadeira natureza do grupo que trabalhava por trás da cena, que patrocinava o assassinato e do qual ele tirou sua orientação. Eles não eram os nacionalistas que Princep pensava que fossem, mas uma organização secreta sérvia de terrorismo que se autodenominava 'A Mão Negra'. Sob esta luz, os eventos de 1914/1945 e seu significado espiritual assumem um papel totalmente novo.*

*A continuação das forças desencadeadas por estes eventos nos leva de volta a Kosovo, 28 de junho de 1989, o 600° aniversário da batalha. O presidente Milosevic da Sérvia, também o último presidente da Iugoslávia, fez um histórico discurso no campo de batalha de Kosovo para dar forças aos últimos vestígios de uma Sérvia maior materialmente. Este erro final e trágico de interpretação da vitória espiritual da batalha de Kosovo e da promessa de Deus ao Czar Lazar pôs em andamento todos os terríveis eventos que aconteceram na Bósnia, na Croácia, na Eslovênia e finalmente em Kosovo, nos últimos dez anos pelo menos. Estes foram os frutos escuros do erro de interpretação da batalha de Kosovo.*

*Atualmente, na virada do milênio, a batalha de Kosovo está novamente acontecendo. Rezemos para que desta vez seja dada plena consciência ao significado da primeira batalha de Kosovo, bem como de suas consequências históricas e espirituais. Vamos entender o que está realmente em jogo, para que seja a última vez que essa batalha precise ser realizada. Rezemos para que seja uma luta até o seu final, sem o enfraquecimento de nossa resolução espiritual.*

*As pessoas falam de interesse nacional, geralmente interpretado em termos políticos ou econômicos. Entretanto, existe uma alma nacional e uma alma moral nacional também interessadas. É de natural interesse das almas de todas as nações, inclusive e especialmente da alma da Sérvia, parcialmente destruída pelas ações e pela filosofia de Milosevic, que este mal seja interrompido.*

Uma semana antes da data prevista para nossa partida para a Sérvia, fui até Prescott, no Arizona, visitar minha querida amiga Liz Story. Ela vivia com seu marido Joel no alto de uma montanha a alguns quilômetros da cidade e foi uma oportunidade maravilhosa para relaxar e preparar a viagem que estava por acontecer. Liz é uma pianista renomada mundialmente e, todo dia, enquanto ela praticava, com portas e janelas abertas, eu caminhava pela floresta com a reverberação da música em meus ouvidos. Era como um sonho que me proporcionava grande alegria.

A sensação pesada voltou alguns dias após minha primeira visita a John. Pensei que o ar fresco da montanha cuidaria disso, aliviando qualquer tipo de pressão que estivesse provocando aquele desconforto. Quando isso não aconteceu, fiquei preocupado, perguntando a mim mesmo o que poderia estar acontecendo. Começou no dia em que Jennifer e eu fomos conhecer Maya e Ishtar e, desde então, tinha constantemente ido e vindo. Parecia mais pronunciado toda vez que eu pensava a respeito da viagem à Sérvia. Eu estava começando a sentir que não devia ir de maneira nenhuma. Mas como poderia saber se era apenas minha imaginação ou um aviso real?

Na manhã em que deveria voltar a Los Angeles olhei pela janela e vi que um metro de neve havia caído durante a noite. Liz e eu estávamos sozinhos na casa e logo ficou óbvio que estávamos isolados. Tentamos durante horas tirar o carro da rua mas não houve jeito. Dois dias se passaram e nada mudou. Era a véspera da minha partida para a Sérvia e estava começando a parecer inútil qualquer esforço.

— Eu também tive dificuldades semelhantes — disse John quando liguei para ele — não tão drásticas. Estou começando a pensar que existem forças tentando impedir-nos de fazer essa viagem.

— Que tipo de forças você está sugerindo? — perguntei.

— Já lhe contei sobre a história secreta da Sérvia. Esses grupos ainda estão ativos lá e a última coisa que querem é que cheguemos e exponhamos qualquer tipo de magia negra que estejam praticando. Sua tempestade de neve pode ser apenas uma coincidência, mas acredito que eles tenham o poder de fazer coisas assim se quiserem. São forças que não entendemos.

— Isto me parece loucura — disse eu. — Entretanto, se o que você está dizendo for verdade, então estamos perdidos. Parece que não há saída desta montanha.

— Isto não é verdade. Sempre existem mais forças trabalhando pelo bem do que para o mal. Precisamos rezar e saber que tomarão conta de nós. Se devemos ir nessa viagem, então você achará um meio de chegar lá.

Desliguei o telefone e sentei-me no sofá. Liz estava cavando a neve lá fora mas eu estava exausto. Meus olhos se fecharam e eu fiz uma oração curta.

— Se devo fazer essa viagem, então tirem-me desta montanha. Sei que são mais poderosos do que toda a força negativa que possa estar agindo aqui. Quero ir e realizar este trabalho. Portanto, se é o que querem que eu faça, ajudem-me.

Liz abriu a porta e limpou a neve do casaco.

— Tenho uma idéia — disse ela. — Há um rapaz que eu conheço na cidade que tem um enorme caminhão de tração nas quatro rodas. Aposto que ele consegue chegar até aqui e levar-nos para a cidade.

Liz ligou para o homem e, no final da tarde, estávamos de volta a Prescott. Quando chegamos à cidade as estradas estavam muito melhores e consegui uma carona para Los Angeles. Cheguei à casa de John por volta de 1 da madrugada, doze horas antes da partida de nosso avião. Por um momento a sensação na boca do meu estômago desapareceu e senti que tinha conquistado uma vitória. Mas será que duraria essa sensação? Eu estava começando a acreditar em todas as histórias malucas que John me contou. Talvez estivesse acontecendo alguma coisa além do meu conhecimento. Eu nunca tinha passado por nada semelhante em minhas outras viagens, independentemente do perigo. Isto era diferente, de certa maneira, e eu estava prestes a descobrir o quanto era diferente.

Duas horas antes do vôo sair de Los Angeles, John disse que era o momento de visitar sua amiga Shrinat Devi.

— Ela é católica devota, mas também uma xamã da mais alta categoria — explicou ele. — Ela precisa rezar conosco antes de partirmos. É uma espécie de tradição minha antes de sair para uma viagem como esta.

Paramos na frente de uma pequena casa em um bairro pobre de Inglewood. Assim que saímos do carro, senti uma estranha sensação, como se tivéssemos acabado de entrar em uma bolha de luz. John e eu fomos até a porta de trás e batemos. Segundos depois, uma negra alta, com profundos e radiantes olhos, parou à nossa frente e, antes que pudéssemos dizer uma palavra, pegou-nos pela mão e nos conduziu para o quintal.

— A Mãe tem uma mensagem para vocês dois — disse ela. — Vocês precisam partir com sua bênção, pois este é um trabalho dEla e foi Ela quem os convocou para esta viagem.

Assim que viramos o canto da casa, vi um santuário de madeira com as palavras 'Rainha da Paz' pintadas acima de uma estátua de Maria de um metro de altura. Shrinat Devi literalmente me forçou a ajoelhar diante da estátua e disse: — Você precisa pedir orientação. Senão, poderá ser ferido lá. É um momento crítico para você e para o mundo inteiro. Entretanto, se ficarmos unidos a Ela, estaremos bem.

Em seguida ela colocou uma das mãos sobre o meu coração e a outra nas minhas costas. — Frei John, reze a Ave Maria comigo três vezes — disse ela sem se voltar. Eu podia ouvir o som de suas vozes enquanto rezavam mas senti-me entrar em um estado alterado de consciência, como se estivesse saindo daquele lugar e indo para outro totalmente novo.

Entretanto, não era um lugar novo. Na realidade, era um lugar muito antigo, em um período em que eu era jovem e ingênuo. Voltei de repente a Marytown, o mosteiro perto de Chicago, rezando diante da estátua de Maria que eu amava tanto. Podia sentir Sua presença e lágrimas de alegria começaram a rolar pelas minhas faces. Era como se eu estivesse enamorado e minha vida inteira passasse diante de mim. Queria fundir-me à Sua luz, Sua santidade, Sua graça. A experiência envolveu-me em um lençol de paz e me realizou completamente.

No meio desta experiência eu pude sentir Shrinat Devi inclinar-se e aproximar sua boca do meu ouvido.

— É isso mesmo, querido, Ela está junto de você. Ela quer que saiba que não o esqueceu, mesmo que você A tenha esquecido. Este é o momento em que Ela mais precisa de você e mandou muitos anjos para trazê-lo de volta. Ela quer que você vá a Medjugorje, o vilarejo na Bósnia onde Ela apareceu a seis crianças. Lá você A verá e Ela lhe indicará a direção a seguir. Faça o que for preciso para chegar até lá porque é onde o milagre irá se iniciar.

Então ela me disse algo que nunca esquecerei: — Não se preocupe com nada porque Maria vai fazê-lo atravessar o Portal. Ela é quem você estava aguardando.

A experiência terminou tão rapidamente quanto começou e eu quase caí de costas quando ela tirou suas mãos do meu corpo. Durante alguns minutos não consegui me movimentar. Só fiquei sentado na grama, como uma estátua. Finalmente olhei para ela e perguntei: — Você leu meu livro *Emissário da Luz*?

— Eu não leio muitos livros — respondeu. — Nem sabia que você tinha escrito um.

— Então, como sabia que eu estava esperando um mestre que me mostraria o Portal da Eternidade?

— Eu só sei o que Ela me diz. É tudo que preciso saber. Faça como a Mãe quer. Vá a Medjugorje e veja o que Ela tem em mente.

— Você falou a respeito de um milagre. Que milagre vai começar lá?

— É o momento dEla. O momento do Seu despertar. Entende o que quero dizer? Ela está convocando muitas pessoas para ajudá-La neste momento, pessoas que A ajudarão a iniciar o Mundo Novo. Ela precisa de você para encontrar aquele que carrega a Luz de Cristo. Esta pessoa já está aqui, esperando para ser revelada. Quando for a Medjugorje, Ela lhe explicará tudo. É um lugar de grande energia e importância espiritual e você precisa descobrir uma maneira de ir lá novamente.

Eu conhecia muito bem o vilarejo do qual ela estava falando. Foi onde minha aventura com os Emissários terminou, em uma colina em que tive meu último encontro com o Professor. Ele me lembrou sobre o Portal e falou mais uma vez a respeito do 'próximo mestre' que estava por vir. Foi lá, em Medjugorje, que seis crianças viram Maria, a Mãe Abençoada, em 1981 e, desde então, milhões de pessoas para lá afluíram para estar na Sua presença.

Maria tinha feito muitas previsões durante Suas aparições em Medjugorje, a respeito da guerra que viria e o que iria acontecer se não nos voltássemos para Deus. Muitas dessas previsões tornaram-se verdades, mas foi Sua mensagem de paz que me atraiu. Ela tinha dito que uma era de paz estava se aproximando, mas só se a escolhêssemos. Se ocorresse o contrário, experimentaríamos uma época de considerável desafio. Fui pessoalmente movido pela energia que tinha sentido lá, muito similar à que tinha experimentado quando estive com os Emissários. Entretanto, eu não tinha sentido nenhum desejo insuperável de voltar, pelo menos não até aquele momento.

— Parece que você está falando da Segunda Vinda — disse eu. — Quer dizer que Jesus está prestes a voltar?

— Eu disse que a Luz de Cristo já voltou. Não falei nada a respeito de Jesus. Ela teve dois filhos, mas o outro ficou em silêncio por muito tempo. Na verdade eles são o mesmo, mas manifestos de duas formas diferentes. Você deve encontrar o segundo, que é, na verdade, o primeiro.

Olhei para John para ver se ele tinha entendido o que ela dizia. Ela não podia querer dizer o que parecia estar dizendo, que Maria tinha dois filhos e que um estivera em silêncio durante dois mil anos. Não só carecia de senso mas também seria considerado uma heresia, o tipo de coisa pela qual as pessoas seriam mortas séculos atrás.

— Não tente interpretar o que eu lhe disse — continuou ela. — É impossível você me entender neste momento. No entanto, depois que estiver com Ela, você entenderá. Então tudo fará sentido. Ela lhe explicará tudo.

Olhei para John e lembrei-lhe que era tempo de irmos embora. Eu me perguntava o que iria fazer com o resultado dessa visita. Será que eu deveria levar o que ela dissera ao pé da letra ou seria uma espécie de metáfora mística que faria sentido mais tarde?

John parecia tão confuso quanto eu mas, quando se

levantou para despedir-se de Shrinat Devi, ela sussurrou alguma coisa em seu ouvido que só ele pôde ouvir. Ele concordou acenando com a cabeça e então virou-se para irmos embora.

— O que você pensa disso tudo? — perguntei-lhe quando entramos no carro.

— Não tenho bem certeza — respondeu ele. — O que ela estava dizendo a respeito de Maria ter dois filhos pareceu muito estranho, mas Shrinat Devi fala muito em código. Provavelmente ela se referia a alguma coisa muito profunda e mística, mas precisaremos esperar para descobrir o que é.

— O que ela sussurrou para você?

— Acho que não era realmente um segredo — respondeu ele. — Disse-me para garantir sua chegada a Medjugorje, não importando o que fosse necessário. Temos de falar sobre isto mais tarde, porque pode haver aí uma armadilha.

John e eu partimos para a Sérvia uma hora depois e imediatamente começamos a rever nossos planos. O problema era que tínhamos um único visto de entrada e, se saíssemos da Sérvia, não poderíamos voltar. Isto negaria a razão pela qual estávamos fazendo esta viagem – instalar o poste pela paz em Kosovo. No entanto, senti verdade no que Shrinat Devi tinha dito. Sabia que ela estava certa, podia sentir isto profundamente. De uma forma ou de outra, eu precisava ir à Bósnia, encontrar meu caminho de volta a Medjugorje. Eu sabia que Maria cuidaria dos detalhes, se realmente Ela queria que eu fosse lá.

Em um determinado momento durante o vôo para a Sérvia a dor no meu estômago voltou. Quanto mais nos aproximávamos de nosso destino, mais forte ela se tornava e fiquei com medo de cair doente. Disse a John o que estava me preocupando e ele tentou me acalmar.

— Acho que nossas suspeitas a respeito da energia da Sérvia estavam certas — disse ele. — Assim que cruzamos o espaço aéreo da Sérvia senti o peso, como se houvesse uma imensa nuvem negra pairando sobre o país, bloqueando a luz. Estou começando a pensar que o trabalho da sociedade secreta que mencionei antes é mais forte do que eu esperava. Eles não nos querem aqui, de maneira nenhuma, como se nossa presença fosse uma grande ameaça ao trabalho deles.

— O que vamos fazer a esse respeito? — perguntei-lhe.

— Vamos fazer o que viemos fazer. Você apresentará o concerto e rezará as orações pela paz. Em seguida iremos a Kosovo e instalaremos o poste pela paz. É importante que partamos assim que tenhamos terminado nosso trabalho. Essas coisas têm uma tendência a voltar, como um repuxo energético. Não vamos correr mais riscos do que o necessário.

— O que podemos fazer para nos proteger?

— Devemos ficar juntos, não importa o que aconteça — disse ele. — As forças que não nos querem na Sérvia tentarão separar-nos, porque isto diminuirá nossa eficácia. Não podemos deixar que isto aconteça.

— Há somente uma coisa com a qual estou preocupado — disse eu. — Shrinat Devi disse-me que eu iria voltar a Medjugorje porque Maria tem uma mensagem para mim. Entretanto, se sairmos da Sérvia não poderemos voltar. Parece-me que será difícil fazermos isto juntos, mas estarmos juntos é essencialmente importante.

— Tudo que posso dizer é que devemos permanecer juntos — respondeu ele.

— Acredito que, acima de tudo, devemos ir ao Campo dos Pássaros Pretos. Se vamos liberar a energia negativa que está presente na Sérvia, é lá que isto vai acontecer.

Chegamos a Belgrado e nos encontramos no meio de uma espantosa revolução. Nanad, o homem que devia organizar o Concerto pela Paz, encontrou-se conosco no aeroporto. John e eu carregávamos o grande poste da paz de dois metros embrulhado firmemente em uma caixa, que quase não passou pela alfândega. Havia fotos do poste por toda a parte de fora da caixa, uma estratégia para acalmar suas mentes, visto que não queríamos que pensassem que estávamos contrabandeando um canhão para o país.

— Sinto muito cumprimentá-los trazendo más notícias — disse Nanad, assim que passamos a porta da alfândega. — Seu Concerto pela Paz foi cancelado. As coisas estão muito difíceis por aqui neste momento e não temos escolha. É uma decisão do governo.

Nanad era um homem grande e sólido, com um belo cabelo branco. Seus olhos eram calorosos e ele tinha um rosto amigável, mas eu não conseguia esconder meu desapontamento.

— O que você quer dizer com uma decisão do governo? Pensei que estava tudo arranjado.

— Estava — disse ele, tomando-nos o poste pela paz como se fosse tão leve quanto um taco de *baseball*. — As marchas diárias têm deixado o governo em pânico e não podem permitir que você cante aqui. Só trará mais problemas.

— Pensei que Milosevic tivesse cedido a suas reivindicações — disse John. — Por que continuam a marchar se conseguiram alcançar seus objetivos?

— Muitos sérvios não ficarão felizes enquanto não o tirarem de seu posto. Como eu disse, estes são tempos de tentativas, especialmente depois da guerra na Bósnia. E agora as coisas não estão indo bem em Kosovo. Parece que é um problema sem fim.

A noite em Belgrado era fria e escura e o ar estava

com um cheiro peculiar de uma cidade sem esperança. John disse que tinha sentido essa nuvem ameaçadora no momento em que entramos no espaço aéreo da Sérvia, enquanto ainda estávamos no jato. Parecia muito Sarajevo, pensei, mas sem as bombas e edifícios queimados. Além da energia ser a mesma, era o mesmo desalento que eu tinha sentido em outros países dominados pelo ódio e pela cobiça.

Nanad tinha feito reserva para nós em um hotel nos arredores de Belgrado. Passamos através das ruas escuras por longas filas de homens com faces sem expressão. Tentei perceber o que estavam fazendo ali, de pé, juntos, parecendo tão frios. Ao mesmo tempo eu podia senti-los, sua confusão e seus corações endurecidos, impenetráveis. Isto fez a sensação em meu estômago aumentar e doer mais e não estava certo de quanto tempo ainda eu iria aguentar aquilo.

O hotel parecia bom visto de fora, mas, quando abrimos a porta para nosso quarto, meu coração ficou oprimido. O cubículo escuro tinha uma pequena janela e quatro camas. Era tudo. Não havia banheiro, apenas uma pia que não parava de pingar e um aquecedor que não funcionava. O único banheiro ficava no fim do corredor, em outro andar. Não tinha sido limpo há muitos dias e estava quebrado. Isto, entretanto, parecia não impedir as pessoas de continuar a usá-lo.

Felizmente, John e eu ficamos com o quarto só para nós, ainda que o gerente do hotel deixasse claro que provavelmente teríamos um companheiro de quarto a qualquer momento. É esta a política do hotel, ele nos disse, e não havia nada que ele pudesse fazer a respeito. Quando caí no colchão duro comecei a achar que havia alguma coisa muito errada comigo. Parecia que não era meu corpo que estava com problemas, mas a minha alma. A sensação era como se alguma coisa tivesse se enrolado em mim, tornando-me difícil respirar ou até mesmo mover-me. Minha cabeça começou a doer e uma sensação de horror crescia profundamente dentro de mim. Tudo que me passava pela cabeça era o pensamento de sair dali o quanto antes possível. E tínhamos acabado de chegar. Não havia para onde pudéssemos ir.

— Existe uma entidade tentando apoderar-se de você — disse John. — Muitos padres não acreditam mais em coisas como possessão, mas eu tenho visto na verdade isso acontecer. Esse tipo de trabalho de intervenção espiritual em que estamos envolvidos atrai essa energia, como uma força demoníaca que fará de tudo para nos ver fracassar. Parece ter-se agarrado a você em particular, embora eu a venha sentindo também. Não consegue me dominar com muita facilidade porque eu venho fazendo este tipo de trabalho por mais tempo. Eu sei como me proteger.

— Você precisa fazer alguma coisa — disse eu, procurando sua ajuda. Eu já estava exausto e podia sentir minha sanidade se esvaindo lentamente. O medo que eu sentia era muito forte. Consumia toda a energia que eu tinha para continuar e me manter consciente. O quarto parecia estar se fechando sobre mim e o som da torneira pingando estava quase me deixando maluco.

— Qualquer coisa que você faça — respondeu ele — não perca nunca a consciência. Preste atenção à minha voz e fique comigo. Vou rezar por você e tentar cortar a conexão. Diga-me desde quando vem sentindo esse ataque.

— Desde que conheci Maya e Ishtar — disse eu. — É uma sensação que vem e vai desde então.

— Onde tem a sensação mais forte no seu corpo? — perguntou.

— Ao redor do estômago. Mal consigo respirar.

— Respire devagar mas firmemente — disse ele, sobre minha cama. — A entidade está tentando roubar sua força. Acredita que pode fazer com que você deixe a Sérvia e assim a deixe continuar aqui oprimindo as pessoas. Existem legiões de demônios bloqueando a luz. Quero que fique com os olhos abertos e respirando. Vou ver o que posso fazer.

Sua voz, de repente, parecia muito distante. Eu o vi colocar uma estola sacerdotal no pescoço e pegar um livrinho preto de orações. Fez o sinal da cruz sobre mim e começou a rezar. As palavras ecoavam em minha cabeça e eu me esforçava para ouvi-lo. Eu me perguntava o que estava ele dizendo. De vez em quando sentia-me caindo no sono, então percebia a mão de John me sacudindo com delicadeza, trazendo-me de volta.

— Fique comigo — dizia ele. — Está começando a dar resultado.

Sua mão estava agora na minha testa; senti-o fazer o sinal da cruz com seu polegar na minha pele. Meu estômago de repente ficou imobilizado, como se um peso estivesse sendo pressionado sobre ele. John deu um passo atrás e começou a agitar os braços no ar, falando em uma linguagem que eu não entendia. Sua voz foi ficando mais alta até que ele estava quase a gritar. Minha cabeça estava pesada e lembro-me de ter pensado que iria morrer.

Olhei para cima e tive uma visão terrível. Algo como uma nuvem escura parecia estar saindo do meu corpo, pairando ali por um momento, como se estivesse tentando voltar para dentro de mim. John parecia notá-la também e olhava para ela com uma intensidade que eu nunca tinha percebido nele. As orações continuaram e ele fez o sinal da cruz mais uma vez e outra ainda, na frente da massa escura. Eu observava tudo sem acreditar, incapaz de mover-me ou mesmo de respirar. Parte de mim não conseguia acreditar em meus próprios olhos, como se eu tivesse realmente adormecido e estivesse tendo um sonho horrível. Entretanto, não era um sonho – era real e nada havia que eu pudesse fazer.

Então, de repente, sem qualquer aviso, tudo terminou. A forma escura tinha se desvanecido e John fechou o livro. Fez o sinal da cruz pela última vez e então dirigiu-se para mim.

— Agora pode dormir — sussurrou no meu ouvido. — Tudo vai ficar bem. Podemos discutir isto pela manhã.

Dormir. Eu precisava dormir. Mas como? Meus sentidos devem estar me pregando peças, pensei. Sim, o que mais poderia ser? A alternativa era horrível demais para ser verdade.

Acordei com o som de buzinas na movimentada rua embaixo. A luz entrava pela janela e, pela primeira vez, pude ver realmente as condições de nosso quarto. Era pior do que eu me lembrava. O papel de parede estava descascando e o teto tinha três buracos. Felizmente ainda estávamos sozinhos – nenhum outro hóspede tinha chegado na noite anterior. E, embora as atividades, por falta de descrição melhor, da noite anterior tivessem me deixado exaurido, eu resistia à idéia de desistir de tudo. Foi quando a porta se abriu e John entrou.

— Bom dia, Jimmy — disse. — Estou contente por vê-lo acordado. Não quis perturbá-lo, então fui andar um pouco. Como está se sentindo?

— Como se estivesse de ressaca — respondi-lhe. — Está muito difícil lembrar-me do que aconteceu. É como um sonho.

— Isto não me surpreende. De certa maneira, foi isso mesmo. Você estava sofrendo um ataque psíquico – coisa realmente pesada. Não sei o que poderia ter acontecido se eu não estivesse com você, mas tudo agora está terminado.

— Então é verdade — disse eu, surpreso. — Algo estava tentando me derrubar e quase conseguiu. Mas por quê?

— Você sabe. Não deveríamos estar aqui, pelo menos não da perspectiva desses que estão tentando fazer o mal funcionar. Se instalarmos este poste pela paz em Kosovo e fizermos a cerimônia que planejei, então as coisas mudarão por aqui. Eles não querem que mudem, este é o problema. A energia opressiva que você sentiu ontem à noite é muito comum – as pessoas nem chegam a percebê-la. Imagine alguém que se acostume tanto com a chuva que esquece como é ter o sol. É mais ou menos isso, mas agora precisa mudar.

— Sinto como se alguma coisa tivesse saído de mim — eu disse — definitivamente, o que quer que fosse.

— É mesmo, foi embora. Posso dizer olhando para você que limpamos a energia que o rodeava. A questão é, você quer fazer o que é necessário para manter essa energia limpa?

— O que quer dizer com isso?

— Se vamos completar esta missão, então precisamos ficar focados. Acredito que a entidade, ou o que quer que fosse que se ligou a você, fez isto porque você não estava limpo. Este trabalho que estamos fazendo é muito tortuoso e é importante estarmos com a mente bem objetivada. De outra maneira, você pode ser puxado para muitas direções diferentes, nem todas elas boas.

— O que sugere que façamos? — perguntei.

— Primeiro, vamos sair deste hotel. Não me importo quanto custe mas precisamos cuidar de nós mesmos. A energia deste lugar é muito baixa e opressiva e isto torna nosso trabalho muito mais difícil. Vamos ao centro da cidade ver o que conseguimos.

— E depois?

— Depois vamos esperar — respondeu ele. — Vamos esperar por um sinal. Algo vai acontecer que nos mostrará a direção a seguir. Diversas portas foram fechadas diante de nós e isto significa que outras estão prontas para se abrir. Precisamos estar atentos para reconhecer esses sinais.

Juntamos nossas coisas e saímos do hotel. Logo que pus os pés na rua, senti-me diferente, como se tivesse virado uma esquina, e essa era uma sensação muito agradável. Quando chegamos ao centro procuramos achar uma acomodação razoável, mas, naquele ponto, nada poderia ser pior do que o lugar onde tínhamos passado a noite anterior. O Hotel Carnaval foi o primeiro que encontramos onde conseguimos negociar a diária por um preço razoável.

Registramo-nos no hotel e desabamos nas camas. Eu me sentia como se tivéssemos colidido com uma parede de tijolos, como se tivéssemos interpretado errado os sinais. Não dissemos uma palavra um ao outro por vários minutos, ficamos apenas deitados olhando para o teto.

— Talvez devêssemos ir a Medjugorje como Shrinat Devi disse — aventei.

— Entretanto, se formos agora à Bósnia, podemos não conseguir voltar à Sérvia — disse John. — E isto significa que perderemos a oportunidade de instalar o poste pela paz em Kosovo e esta é a verdadeira razão pela qual estamos aqui.

Senti que John estava com medo de alguma coisa que não ousava dizer, provavelmente a hipótese de eu ir sozinho a Medjugorje e deixá-lo ali. Entretanto, havia algo sobre o que Shrinat Devi tinha me dito, alguma coisa no tom de sua voz que me convenceu de que ela estava certa. Eu realmente precisava voltar à Bósnia e, embora não quisesse deixar John, estava começando a parecer que, na realidade, estávamos em missões diferentes.

Não mais de dez minutos depois de termos nos registrado no hotel, ouvimos o som de música vindo da rua. Espalhava-se pelo ar e entrava em nosso quarto como um amigo, uma voz familiar que instantaneamente me acalmou os nervos. A música, que imediatamente reconhecemos como 'Twist and Shout', dos Beatles, aumentou de volume quando saímos no balcão para olhar. Não podia ser o aparelho de som de um carro, o que primeiramente pensei que fosse. Estava muito alto para ser.

A primeira coisa que vimos foi um jipe com uma plataforma de metal construída ao redor do chassis e, equilibrados na estrutura de metal, quatro imensos alto-falantes voltados para direções diferentes. Atrás do jipe, uma espantosa multidão marchava e dançava em nossa direção. Facilmente havia ali dez mil homens e mulheres, carregando bandeiras e cantando. Eram como uma enorme onda e senti a adrenalina me impulsionar a sair do quarto e correr escada abaixo. John estava bem atrás de mim e, em segundos, estávamos na multidão, completamente envolvidos pela massa.

Parecia mais uma festa do que uma demonstração. A sensação de milhares de pessoas, muitas das quais nem mesmo falavam inglês, dançando rua abaixo cantando 'Now shake it up, baby... twist and shout' era incrível, até mesmo surrealista. Podíamos estar em qualquer lugar do mundo, junto a um grupo qualquer de jovens, mas o fato de estarmos em Belgrado fazendo uma demonstração contra um ditador opressivo era quase demais para mim. Senti a excitação crescendo e precisava saber o que estava acontecendo.

— Compreendemos, há meses atrás, que Milosevic não ia usar a força para impedir-nos — disse-me um estudante. — A OTAN está muito perto da Bósnia e nunca iria permitir isso. Portanto, fizemos disto uma grande festa. Todos os dias, milhares de pessoas vão às ruas, dançamos e cantamos nossas canções e voltamos para casa. Continuaremos esta festa até que ele se renda a nós.

Falamos com muitos estudantes naquele dia e ouvimos a mesma história. Eles iam para as ruas com alegria, não com raiva, e o governo não sabia o que fazer. Num determinado ponto, chegamos a uma grande construção de tijolos que parecia coberta por uma estranha substância viscosa. A enorme multidão parou e começou a assobiar tão estridentemente que precisei tampar os ouvidos. Fiquei ali olhando, curioso por saber que substância tão brilhante era aquela.

— Este é o prédio do Ministério das Comunicações — disseram-me. — É controlado pelo governo e produz toda a programação de televisão transmitida na Sérvia. Três dias atrás cada pessoa trouxe um ovo e os jogamos no prédio. Você devia ter visto, foram milhares de ovos voando ao mesmo tempo e se espatifando em uníssono.

Eu fiquei atônito com o humor que dominava esta reunião. Lembrei-me de ter participado de várias demonstrações anos atrás, antes de ser membro da comunidade de trabalhadores católicos. Aqueles eventos, ao contrário, pareciam mais funerais do que competições: a seriedade e a convicção sempre pareciam ocultar o verdadeiro objetivo. Em Belgrado, que era mais séria do que qualquer outro lugar onde eu já tivesse ido, uma atitude de brincadeira permeava tudo e isto obrigou as autoridades a um movimento inesperado.

Depois de seguir em frente por mais um trecho, viramos uma esquina e tudo mudou de repente. Um grande prédio do governo apareceu um quarteirão adiante de nós e, à sua frente, várias fileiras de soldados em formação de combate mantinham guarda. Cada um deles segurava um escudo de plexiglás do tamanho da metade de seus corpos e, na outra mão, um grande cassetete de madeira. Eu comecei a me perguntar se nossa sorte tinha mudado quando, de repente, a multidão parou e ficou em profundo silêncio.

Um homem alto, com barba e cabelo escuro comprido, ficou no jipe e começou a falar com a multidão usando um microfone.

— Ele está nos dizendo como é importante mantermos a paz – disse-me um estudante. — Estamos fazendo uma revolução não violenta e precisamos provar que merecemos o que estamos demonstrando.

Eu podia sentir suor frio se formando em minha sobrancelha e um nó de medo no meu estômago. A aglomeração reunia jovens e velhos, todos juntos como um rebanho de ovelhas prontas a saltar de um penhasco. Seu compromisso com a mudança de sua condição era evidente, assim como sua ingenuidade. Ou seriam heróis ou seriam massacrados e eu estava exatamente no meio disso tudo.

Quando o homem terminou seu discurso, a multidão colocou-se em uma formação instantânea. Fila após fila, cada uma do comprimento de meio quarteirão, marchando em direção aos soldados. Fiquei de repente com medo de que fosse testemunhar um massacre, mas nada estava mais longe da verdade. A primeira fila caminhou na direção dos soldados e seus participantes fizeram uma coisa que desafiava qualquer crença – cada um deles esticou as mãos e tocou os escudos dos soldados, então olharam-nos diretamente nos olhos e sorriram. Isto foi tudo. Quando terminaram, a fila seguinte fez o mesmo e, durante quase meia hora, isto continuou, até que todos na multidão, inclusive eu, tivessem sua vez.

Não fiquei seguro se deveria juntar-me a eles ou não. No final das contas, esta guerra não era minha e eu me questionava se minha atitude não poderia ser vista como um insulto. No entanto, meus pés pareciam ter tomado sua própria decisão e, antes que eu soubesse, já estava diante de um jovem soldado de cabelos castanhos que tentava de todas as maneiras não olhar dentro de meus olhos. Finalmente ele teve de olhar-me e algo aconteceu a nós dois. Por um instante apenas nós nos olhamos, olho no olho, e eu pude sentir o quanto ele estava amedrontado. E eu percebi que não estávamos tão distantes assim um do outro.

Frei John e eu ficamos maravilhados com os eventos daquele dia, relembrando-os depois no quarto, naquela noite.

Éramos muito parecidos, eu e ele. Será que eu teria ficado como ele se tivesse continuado no caminho que tinha escolhido aos dezoito anos? Será que eu conseguiria evitar o modelo que era esperado, a piedade esperada de um servo da Igreja? Ou será que eu me tornaria mais parecido com este meu amigo, seguindo um chamado mais elevado, enviado a testemunhar os horrores da injustiça e da brutalidade, pondo sua própria vida em risco? Eu me indagava se seus próprios colegas o compreendiam. Será que o consideravam rebelde ou lunático ou será que viam quem ele era na realidade, o visionário comprometido que não podia ser trancado em nenhuma instituição?

Os demonstradores passaram novamente pelo hotel no dia seguinte, mas, desta vez, Frei John não quis participar. Decidi não falar com muitos dos estudantes, apenas caminhar ao lado deles e observar seu heroísmo. Eu tinha aprendido muito no dia anterior e me sentia inclinado a manter uma certa distância.

Depois de alguns quarteirões percebi uma jovem loura andando ao meu lado. Parecia estar sozinha e senti um desejo irresistível de falar com ela. Inicialmente, fiquei contrariado com essa sensação, visto que, momentos antes, tinha decidido ficar sozinho e não tinha nenhuma intenção de me envolver com ninguém. Mas a sensação era muito forte e eu sabia que precisava fazer alguma coisa. Simplesmente não pude resistir. Ela era radiante, a mulher mais bonita que eu já tinha visto, sem sombra de dúvida. Finalmente tentei chamar sua atenção, mas ela pareceu não me notar.

— Você fala inglês? — perguntei finalmente, postando-me à sua frente.

— Sim, falo — respondeu ela, enquanto se virava para mim e sorria.

— É estudante daqui? — Não houve resposta durante algum tempo, por isso tentei de novo — Meu nome é Jimmy. Sou de...

— Eu sei de onde você vem. Mas por que está aqui, é isto que eu estava me perguntando.

Fiquei atônito com seu repentino interrogatório, embora ela parecesse inspirar uma estranha energia que me dominava por completo. Não era uma sensação consciente, era mais como um reconhecimento instantâneo. Eu não sabia o que dizer, como se, de repente, tivesse me esquecido porque estava ali.

— Estou aqui para instalar um poste pela paz em Kosovo — disse finalmente — e para cantar em um concerto que parece que foi cancelado.

— Por que diz que foi cancelado? — perguntou ela.

— Tudo está mudando aqui e não sei o que pensar. Tudo o que sei é que cheguei aqui para tocar, mas não consigo encontrar as pessoas que supostamente arranjaram este concerto.

— Talvez você tenha vindo por uma razão que ainda precise descobrir — disse ela. — Talvez seja uma surpresa para você.

— Qual é o seu nome? — perguntei a ela.

— Meu nome é Maria — respondeu e, em seguida, sorriu como se fosse dizer mais alguma coisa, mas não o fez.

— Você parece diferente dos outros estudantes — disse-lhe, ansioso por continuar a conversa. — Você não disse muito, mas sinto aí uma profundidade que não senti em minhas outras conversas com as pessoas.

— O que quer dizer com profundidade?

— Não estou bem certo... acho que não consigo explicar. Chame de intuição, como se eu pudesse falar alguma coisa a seu respeito sem que você me contasse.

Para dizer a verdade, acho que a estava atingindo, embora não percebesse isto de verdade. Parte de mim sentia uma distância insondável deste anjo que tinha aparecido subitamente, a outra parte parecia totalmente concentrada em eliminar essa distância. Eu estava me apaixonando profundamente por ela e isto desafiava a lógica. Lá estava eu, descendo essa rua muito movimentada da Sérvia, com milhares de outras pessoas e, apesar disso, minha mente estava completamente focada em somente uma pessoa: Maria. Quem seria ela, eu me indagava. De onde teria vindo e como estava provocando esta repentina devoção?

— Há muita coisa a ser descoberta — disse ela. — Não confie no que surge diante dos seus olhos porque a verdade fica sempre além. Olhe por trás das aparências e perceberá alguma coisa que está muito mais próxima da verdade.

— O que quer dizer? — perguntei, espantado. Não esperava palavras como essas, ainda que a energia fosse tão forte.

— Existe uma verdade que você não consegue ver — continuou ela — aqui ou em qualquer lugar. Olhando ao seu redor, você vê estudantes que parecem estar lutando pelos seus direitos. Entretanto, esta é uma perspectiva muito estreita, um quadro muito pequeno comparado com o que está realmente acontecendo. Na verdade, eles estão buscando a si mesmos, só que não percebem isto. Ainda não aprenderam a olhar para dentro para descobrir a realidade, por isso olham para o mundo. No final, o mundo falhará com eles e serão forçados a olhar com mais profundidade. Então verão com olhos diferentes e entenderão o que jaz além de seus sentidos.

Ela falava como se estivesse completamente isolada dos outros estudantes na multidão, como se nada tivesse a ver com eles. Entretanto, superficialmente, não havia diferença visível entre Maria e os outros, exceto pela percepção que parecia tão natural, tão clara, que não deixava dúvidas a respeito de sua autenticidade.

— Você parece ter uma compreensão muito profunda — disse-lhe eu, perplexo. — Como conseguiu chegar a uma perspectiva desse nível?

— Desculpe-me, mas preciso ir agora — respondeu-me ela, estendendo-me a mão para despedir-se. — Foi muito bom falar com você.

— Espere um pouco — disse eu, apertando sua mão. A idéia de vê-la partir assim tão de repente era absolutamente insuportável. — Onde você precisa ir? Não pode ficar um pouco mais?

— Não. Você me verá de novo. Vai acontecer, prometo.

Retirou sua mão da minha e, segundos mais tarde, desapareceu na multidão. Eu a olhei enquanto ela deslizava entre vários estudantes e desaparecia. Por um momento indaguei-me o que tinha acontecido. Quem era Maria e por que dissera aquelas coisas, apenas para partir tão repentinamente? E como eu poderia encontrá-la de novo nesta multidão? Havia milhares de pessoas apinhadas em uma única rua. Seria um milagre encontrá-la de novo.

Passei o resto do dia perdido em uma estranha melancolia. O protesto não me interessou mais e fiquei indiferente à enormidade dos eventos que aconteceram diante dos meus olhos. Eu só conseguia pensar em Maria e a compreensão de que ela devia estar errada; não havia maneira de eu vê-la novamente. Era quase impossível e, além disso, eu estava envergonhado com a forma pela qual tinha me aproximado dela. Era a única maneira de explicar seu súbito desaparecimento. Se eu tivesse ido mais devagar, pensei, talvez ela ainda estivesse comigo. De qualquer maneira, agora eu estava sozinho e não podia ver qualquer razão para continuar ali.

Naquela noite, ao jantar, John e eu tomamos uma decisão. Ele finalmente concordou que eu devia seguir a recomendação de Shrinat Devi e ir para Medjugorje. Não conseguiríamos permissão para instalar o grande poste pela paz em Kosovo, portanto decidimos que John iria lá sozinho e instalaria um postezinho de quinze centímetros no local. (Nós tínhamos trazido este poste como um plano alternativo.) Eu levaria o poste de dois metros a Medjugorje e, se fosse possível, conseguiria permissão para instalá-lo ali. Decidi nem tentar encontrar Maria. Era mais fácil esquecer tudo sobre ela e voltar ao motivo real de minha vinda. O tempo estava ficando curto e tínhamos tomado a decisão. Quando entrei no ônibus que saía da Sérvia na manhã seguinte, tentei limpar a mente de todos os pensamentos a respeito de Maria e concentrar-me no que vinha pela frente. Isto me tomou grande parte da viagem e quase consegui.

Eu podia sentir alguma coisa crescendo dentro de mim, como se a decisão de ir a Medjugorje tivesse acionado o nível seguinte da minha aventura. Sabia que Shrinat Devi estava certa. Podia sentir isto, mas não tinha qualquer maneira de saber o que significava. Tinha algo a ver com Maria, a Mãe Abençoada, mas quase todo mundo tinha vindo a este pequeno vilarejo com aspirações semelhantes. Shrinat Devi disse que Maria, a Mãe Abençoada, era quem eu estava esperando e que Ela me levaria através do Portal da Eternidade. Tudo o que o Professor tinha dito a respeito do 'Mensageiro do Amor' inundou minha mente e esperei estar próximo de descobrir o que ele queria dizer com isso.

Cheguei ao vilarejo e imediatamente comecei a preparar minha estratégia. As ruas estavam cheias de peregrinos e as pequenas lojas de turistas estavam superlotadas. Nunca me senti seguro sobre como entender esse tipo de extravagância espiritual. A atitude fervorosa das pessoas certamente era inspiradora mas algo tinha se perdido definitivamente por causa da predominância do comércio. Todas as lojas pareciam ter as mesmas mercadorias, um vasto sortimento de rosários de plástico e estatuetas de cerâmica barata. O item mais horroroso para meu gosto era um retrato em três dimensões de Jesus dependurado na cruz. O rosto mudava dependendo do ângulo de visão. Ficando-se à esquerda, Seus olhos permaneciam fechados como se estivesse morto. Ficando-se à direita, Seus olhos se abriam com surpreendente e desconcertante rapidez. Devia vender muito, porque todas as lojas tinham um grande estoque desse item.

Fui à reitoria assim que cheguei a Medjugorje. Quando me sentei na sala de espera olhei ao redor para os quadros de Maria que estavam na parede. Será que esta sala era onde Ela aparecera às crianças depois que o governo proibiu o acesso à Colina da Aparição? Senti-me estranho por estar carregando meu poste de dois metros com as palavras 'Que a Paz reine na Terra' em inglês, croata, sérvio e muçulmano. Indaguei-me se quem via o que estava escrito compreendia nosso intento, que era o de promover a unidade e o entendimento entre os povos. Será que nos permitiriam colocá-lo em um lugar bem visível? No final, eu não tivera tempo suficiente para passar pelos canais competentes. Eu tinha somente dois dias e não era tempo suficiente para conseguir permissão oficial.

No entanto, tínhamos formulado um plano de reserva. John e eu tínhamos decidido que não era importante o poste ficar em lugar público, desde que ficasse ali. Eu encontraria um local longe dos olhos dos milhares de peregrinos, um ponto especial ao qual Deus haveria de me levar. Finalmente, quando achasse esse ponto, instalaria o poste no solo, sabendo que ele serviria como um farol invisível, demonstrando a importância da compaixão e do entendimento. Na manhã seguinte eu subiria até a Colina da Aparição com o poste e aguardaria ser conduzido ao ponto predestinado.

Segui o caminho que milhões de peregrinos haviam trilhado, subindo a colina até o ponto em que tinha começado o milagre de Medjugorje. Caminhei em silêncio até que me senti compelido a afastar-me do caminho e aventurar-me pelo mato. Quando cheguei à sétima parada vi-me de repente andando para a esquerda, como se houvesse uma força invisível me orientando. As pedras eram grandes e soltas e eu precisava tomar um cuidado constante para não tropeçar e cair. Era como se o poste fosse um crucifixo e eu o estivesse carregando para meu próprio destino. Enormes moitas espinhosas formavam uma barreira quase impenetrável, mas continuei e esperei um sinal. Após uns cem metros mais ou menos ainda não tinha acontecido nada. Deve haver um sinal de algum tipo, pensei comigo mesmo. No entanto, o silêncio da colina era pesado e ameaçador e comecei a me perguntar se estava no lugar certo.

Algo então chamou minha atenção. Ouvi um estranho som perto da minha perna e, quando olhei para baixo, vi uma cachorrinha que tinha se postado silenciosamente ao meu lado. Coloquei o poste no chão e ajoelhei-me ao lado dela.

— Não ouvi você se aproximar — disse eu. — Talvez seja o sinal que estou esperando.

A cachorrinha parecia uma Lassie em miniatura e sentei-me no chão para acarinhá-la. Que tipo de sinal é este, pensei. O que é que Lassie simboliza? Foi então que ouvi sinos tocando em algum lugar à distância, como se anjos estivessem descendo sobre a colina. Em seguida ouvi uma voz que parecia vir da esquerda, do alto.

— Lassie! Lassie! — Eu não conseguia acreditar no que estava ouvindo. Olhei ao redor e vi um rebanho de cabras subindo a colina e uma mulher grande, de formas arredondadas, atrás delas, segurando um longo cajado. Estava chamando seu cão, que obviamente se chamava Lassie. Ela me viu brincando com a cachorrinha e parou, mas continuou a chamar o animal pelo nome. Lassie, por outro lado, parecia estar gostando da atenção que eu estava lhe dando e, mesmo quando parei de fazer-lhe festa, não saiu de meu lado.

— Talvez devêssemos ir até perto da mulher — disse eu à cachorrinha. — Talvez seja parte do sinal.

Andei em direção à mulher e Lassie me seguiu. A mulher parecia tímida e suspeitei que não gostasse de falar com turistas. Então percebi que estávamos no topo de uma enorme pedra chata que revelava uma incrível vista de Medjugorje lá embaixo. Eu podia ver a Igreja de São Tiago e toda a região em volta. Então olhei para baixo, para meus pés. Justamente à minha direita havia um buraco na pedra, exatamente do tamanho do poste pela paz. Ele encaixava ali perfeitamente e fiquei aparvalhado, olhando para a terra.

Depois que a mulher foi-se embora com suas cabras, sentei-me na pedra para rezar. Exprimi minha gratidão por ter sido conduzido a este lugar e pedi a Nossa Senhora para abençoar o poste. Eu pude sentir a energia que se levantou da terra, como se o próprio solo agradecesse o presente. Depois de alguns momentos firmei o poste no buraco, disse uma oração e fui-me embora. Enquanto descia a colina, perguntava-me se John tinha conseguido chegar a Kosovo e realizar seu papel neste estranho drama. Estávamos juntos, mesmo estando separados, unidos pela mesma missão. Eu tinha instalado o poste pela paz em Medjugorje e era isto o que eu tinha vindo fazer. Partiria no dia seguinte para Roma e John e eu nos encontraríamos de novo.

Pensei no poste o dia inteiro. Parecia estar me chamando de volta à colina, como se quisesse companhia, alguém que sentasse ao seu lado e rezasse. No final da tarde decidi visitá-lo pela última vez, olhar a paisagem e respirar aquele ar consagrado. Enquanto me arrumava para voltar à colina, perguntava-me por que haveria de me sentir tão conectado com esta terra estranha e violenta. Era minha terceira viagem à antiga Iugoslávia e cada visita era especial, começando com os Emissários. Esta não era exceção e questionei-me se era por causa da área toda ter ouvido os ensinamentos da comunidade mística de São João. Isto havia acontecido há mil anos atrás quando os Bogomils, os Adoradores de Deus, tinham pregado sua forma única de cristianismo, uma igreja que ensinava a igualdade e a indulgência acima de tudo. Tinham sido mortos por causa de sua fé e o banho de sangue tinha continuado desde então. Talvez este símbolo no topo da pequena colina ajudasse a lembrar às pessoas sua antiga herança. Quando comecei a andar em direção à colina, rezei para que isto fosse possível.

Subi a colina e aventurei-me pelas moitas de espinhos e pedras soltas. Minutos depois estava diante do poste e sentei-me para meditar. Era o final da tarde e podia sentir o sol se pondo às minhas costas. Em breves instantes iria desaparecer por trás da colina e então a luz começaria a diminuir. Indaguei-me se seria capaz de achar o caminho de volta na escuridão. Parecia que eu ainda tinha uma hora de luz do dia. Depois disso seria uma descida perigosa.

Foi então que ouvi alguém atrás de mim, como o som de uma pessoa pisando em pedras soltas. A princípio foi difícil dizer o que era, mas logo percebi que realmente alguém estava descendo a colina e andando em minha direção. Virei-me mas o sol estava em meus olhos e eu só podia perceber a figura de uma mulher. Decidi esperar que ela chegasse mais perto, então olharia de novo. Por que alguém se arriscaria neste terreno perigoso, especialmente nesta hora do dia? Pensei que eu fosse o único a não ter juízo suficiente para ir embora antes da noite.

Podia ouvir o som dos passos muito próximos, atrás de onde eu estava sentado. Se esperasse um pouco mais ela chegaria ao meu lado e eu queria olhá-la antes disso. Quando me virei, passaram-se alguns segundos até que meus olhos se acostumassem, então a vi. Engasguei quando percebi quem era, como se todo o ar de repente tivesse saído de mim. Meus olhos se abriram desmesuradamente e eu não consegui me mexer.

— Olá. Lembra-se de mim? — disse ela sorrindo.

Era Maria, da marcha em Belgrado. Isto era impossível. Ela era uma estudante da Sérvia e seria quase impossível um sérvio entrar na Bósnia, tão próximo do final da guerra. Além disso, mesmo se conseguisse, as chances de vê-la em uma colina em um pequeno vilarejo a centenas de quilômetros de Belgrado eram quase impossíveis. Apesar disso, impossível como parecesse, lá estava ela, de pé, a não mais de três metros de mim. Vestia uma jaqueta marrom de camurça, calças de brim e botas de couro. Seu cabelo longo era louro e liso, caindo solto por trás de seu longo e delgado pescoço. De repente senti a mesma sensação irresistível que acompanhou nosso encontro na Sérvia e foi então que percebi o que estava acontecendo na verdade.

— Maria — disse eu com dificuldade. — Não pode ser.

Houve um longo momento de silêncio enquanto olhávamos um para o outro. Seu sorriso continuou estampado em seu rosto, sem diminuir, assim como também não diminuía meu espanto. Então o vento soprou entre nós e provocou um calafrio na minha espinha. Fez-me tremer por um segundo, o suficiente para me fazer despertar do transe em que seu olhar me tinha colocado.

— Por que está surpreso em ver-me? — disse ela sentando-se em uma pedra à minha direita. — Prometi que nos encontraríamos de novo. Por que não aqui em Medjugorje? Parece um lugar apropriado.

— Não posso acreditar — respondi enquanto minha cabeça começava a rodopiar. — Você é Maria... Maria... — Minhas palavras não eram adequadas. Nenhuma palavra seria adequada. A possibilidade era tão inacreditável!

Ela sorriu gentilmente.

— Mais uma vez, por que está tão surpreso? Você sabia que eu viria, soube disto de tantas maneiras. Sentiu que eu estava vindo, assim como sempre senti você. Você me fez uma promessa muito tempo atrás, quando era somente uma criança. Você se esqueceu dessa promessa, eu não.

— O que foi que prometi? — perguntei depois de longos segundos de silêncio.

— Você pediu para ser um instrumento da paz. Lembra-se? Tinha somente doze anos de idade e estava sentado do lado de fora da igreja esperando sua mãe que iria buscá-lo. Você disse que queria entregar-se a mim e ser usado para levar as pessoas a Deus. Tenho estado com você desde então, a cada momento da sua vida, esperado para me aproximar de você. Eu nunca poderia esquecer uma promessa como aquela.

— Mas por que veio nesta forma física? — perguntei, repentinamente abismado pela percepção de quem estava sentada ao meu lado. — Você é tão sólida quanto eu. É totalmente comum, mas, por outro lado, totalmente Divina. — Assim que disse estas palavras, percebi o quanto inadequado eu tinha sido em Belgrado. Se eu tivesse sabido, pensei comigo mesmo. Ela pareceu ler meus pensamentos e sorriu de novo.

— Deus sempre age de forma que possamos entender. Para seis crianças croatas que só conhecem o catecismo, apareço como a Rainha da Paz segurando um rosário. Para você... bem, você pode ver que é diferente. Mas a mensagem é sempre a mesma. Vim para chamar as pessoas de volta a Deus, para pedir a elas que convertam suas vidas. No entanto, as pessoas não entendem o que isto quer dizer. Muitas vezes acreditam que implica em sacrifício e penitência, mas, na realidade, significa aceitar o amor acima do medo. Sacrificar-se e negar a si mesmo cria e promove o medo, não libera ninguém dele. Deus pede somente que liberem os bloqueios que os mantiveram apartados do amor, que os impediram de perceber que são unos com o Divino. Vocês nunca estiveram separados, nem mesmo por um instante, exceto em sua imaginação. É tempo de afastar estas idéias e voltar para casa. Então perceberão que o amor é sua herança, que vocês são Filhos de Deus.

— Isto se parece muito com a mensagem que recebi dos Emissários nas montanhas da Bósnia — disse eu.

— Essa mesma mensagem está sendo expressa de muitas maneiras, por muitas pessoas. Esta é a essência do que você escutou: quando descobrir o Divino dentro dos outros, dentro de quem quer que esteja diante de você, então o descobrirá dentro de si mesmo. Muitas vezes vocês procuram Deus em tudo que é extraordinário, nos fenômenos fantásticos. No entanto, o milagre não está fora de vocês, está dentro. Todos vocês fazem parte do milagre e, quando olham a essência do outro, percebem-na em si mesmos. Esta é a mensagem de Deus e tem sido sempre a minha mensagem. Você descobre Deus naquilo que é comum, no sorriso de uma criança, olhando os olhos de alguém nunca antes encontrado, sem medo, quando segura a porta aberta durante alguns segundos a mais, esperando alguém que vai entrar. É assim que o amor se revela na sua vida, é assim que você encontrará o Portal que está procurando.

— Os Emissários disseram que eu encontraria outro mestre — disse-lhe. — Você é a pessoa de quem eles falavam?

— Preste muita atenção no que vou lhe dizer, porque é muito importante. Eu não vim só para encontrar você, vim encontrar todo o mundo. Esta é a aurora de um mundo de compaixão e de paz. Sou a Rainha da Paz porque incorporo plenamente essas qualidades e posso ajudá-los a entrar nesta experiência. Você pode dizer que sou o Princípio Feminino. Estas qualidades são tradicionalmente femininas e é nesta energia que a humanidade deve entrar agora. Posso ajudar de maneiras especiais, mas somente se vocês puserem de lado a necessidade de encontrar a paz através do conflito. Compaixão, compreensão e tolerância são os caminhos que levam até mim. Este é o Portal na frente do qual a humanidade está agora.

— Mas, o que acontece com aqueles que não são

católicos ou mesmo cristãos? — perguntei. — As pessoas precisam aceitar Você neste papel em particular ou em uma religião específica?

— Não sou restrita a nenhum grupo ou religião — disse ela. — Sou do mundo inteiro, embora muitos encontrem sua própria maneira de se relacionar comigo. A forma não é importante, o importante é a energia. É a energia que eu trago que é importante e todos podem ter acesso a ela. Se a humanidade for capaz de fazer esta mudança para a energia feminina, então a paz começará a espalhar-se pelo planeta inteiro. Entretanto, se vocês continuarem agarrados ao poder e à dominação, então perderão uma incrível oportunidade e continuarão a viver em conflito.

Não sei por quanto tempo ficamos sentados ali, mas comecei a sentir o vento frio no pescoço e percebi que o sol tinha mergulhado por detrás da colina. Era a primeira vez desde que ela se sentou perto de mim que eu tinha percepção do meu corpo. Maria pareceu notar meu desconforto e ficou de pé como se fosse partir.

— Ainda tenho muita coisa a lhe contar — disse ela. — Você terá que esperar. Quero que comece a cultivar estas qualidades na sua própria vida. Viva com compaixão, respire paz, pregue somente o amor e começará a sentir a transformação que se aproxima. O próximo passo será revelado mais tarde, quando você estiver pronto. Já que sei que terá dúvidas sobre o que aconteceu hoje aqui, vou lhe dar um sinal que o deixará em paz. Em muito pouco tempo, o mundo inteiro me verá iluminar o céu com uma cauda de luz. Quando vir este sinal, saiba que é chegado o tempo em que todas as coisas de que lhe falei começarão a ocorrer. Por enquanto, não se esqueça de sua promessa a mim e saiba que nunca o esquecerei.

Ela virou-se e começou a subir a colina na mesma direção de onde tinha vindo. Tentei falar, mas as palavras não vieram. Eu ainda não conseguia acreditar no que estava acontecendo, que Maria, quem quer que ela fosse, tivesse falado comigo como se fossemos amigos há muito tempo. Naquele instante eu soube que minha vida nunca mais seria a mesma. Nunca mais seria capaz de viver como antes, com a minha velha forma de pensar. Então, quando estava começando a ficar difícil de vê-la no escuro, ela voltou-se e me encarou de novo.

— O motivo pelo qual estou com você desta maneira é porque todo o meu ensinamento está contido nesta forma. Descubra Deus no que é corriqueiro. Busque o Divino nos outros e dentro de si mesmo. É assim que a transformação começa. É assim que você se lembrará de quem é – o Eu Sagrado que Deus percebe. Venha aqui novamente amanhã e voltaremos a conversar. Ainda há muito que você precisa aprender, especialmente a respeito daquele que está chegando, o portador da luz.

— Pensei que você era quem eu estava esperando — disse a ela. — Não é você o próximo mestre de quem os Emissários falaram?

— O próximo mestre já está com você e você saberá o que fazer quando chegar o momento. Estou aqui para prepará-lo. Estou aqui para lembrá-lo de sua promessa e para segurar a sua mão. Não se preocupe, tudo fará sentido muito em breve.

Então ela se virou e desapareceu no topo da colina. Pensei como aquela maneira era adequada – ela não flutuou na direção do céu, nem desapareceu diante de meus olhos. Simplesmente foi embora andando, de uma maneira tão comum quanto qualquer outra pessoa o faria. E, no entanto, era realmente Ela, a incorporação de toda a graça com a qual sempre sonhamos, a 'Mensageira do Amor' da qual os Emissários falaram. Apesar disso, ela disse que não era o próximo mestre sobre o qual me falaram e isto me confundiu. A 'Mensageira do Amor' e o 'próximo mestre' eram então duas pessoas diferentes? Justamente quando pensava que estava começando a entender, via-me de volta ao começo.

Comecei a descer a colina em direção à pensão onde estava alojado. Era como se eu flutuasse no ar, voando pela colina abaixo sobre rochas e espinhos. Quando cheguei ao sopé, notei à minha esquerda uma capelinha, em cujo pátio havia uma grande estátua da Virgem Maria, a mesma estátua que Shrinat Devi tinha em seu quintal, a mesma estátua esculpida a partir da descrição das seis crianças. Parei um instante para rezar uma oração de graças e quando olhei para o rosto de pedra, quase desmaiei. Era ela, Maria, quase tão real quanto alguns momentos antes. Era como se ela mesma tivesse servido de modelo. Mas por que deveria eu ficar surpreso?

Passei a noite inteira na igreja de São Tiago, a matriz de Medjugorje, rezando e tentando compreender o que tinha acabado de acontecer comigo. No entanto, como era possível? Não havia maneira de entender pela lógica quem era Maria ou porque tinha vindo a mim daquela maneira. Minha mente não estava preparada para aceitar dados desse tipo ou para interpretar uma experiência tão além dos limites da normalidade. Fiquei sentado olhando para a estátua de Maria à direita do altar, tentando fazer a ponte entre a Senhora a quem eu tinha orado durante toda minha vida e a jovem vibrante que havia encontrado na colina. Seriam a mesma ou seria agora o momento de liberar os ícones da minha infância?

Assisti a duas missas naquela noite, uma em croata e a outra em inglês. Comunguei em ambas e senti como se estivesse trazendo Maria para meu corpo. A sensação que se espalhou dentro de mim foi incrível, como se ela estivesse derramando seu amor na minha boca e enchendo todo meu ser. Não havia palavras para descrever o que eu senti, somente o canto alto e glorioso de "Maria, Maria, Maria". Ressoava em meus ouvidos e em minha alma. A fascinação que começou quando a encontrei nas ruas de Belgrado tinha desabrochado em um amor que tudo englobava, um crescendo apaixonado que eu nunca antes havia experimentado.

Quando chegou a hora de fechar a igreja, saí e voltei para o meu quarto. Não sei durante quanto tempo fiquei deitado ali esperando pelo sono, pois era como se já estivesse em um sonho. O dia todo tinha sido um notável borrão de luz e de amor e imaginei como seria estar novamente com ela, sentir sua presença e sua radiância. Ela tinha se tornado a Bem-Amada, a amada consagrada que levava ao oceano divino, não mais a Mãe que eu tinha conhecido antes. Onde tinha ido aquela mulher? Seria ela capaz de ser as duas quando estava comigo, movendo-se como um fantasma ou uma aparição? Não era uma aparição, disto eu estava seguro. A mulher que encontrei na colina em Medjugorje era sólida, real e eu estava apaixonado por ela. Mesmo se voltasse no dia seguinte em uma forma para a qual eu não estivesse preparado, voltando à imagem tradicional que eu tinha criado para adorar, sua essência tinha ficado gravada em minha mente e em minha alma. Ela estaria sempre lá esperando por mim.

Acordei bem cedo e me preparei para voltar à colina. Maria não disse a que horas nos encontraríamos de novo e, da minha parte, isso não tinha a menor importância. Mesmo se eu tivesse de esperar na colina durante todo o dia, até que o sol se pusesse no horizonte e as estrelas começassem sua dança noturna, isto seria melhor do que qualquer outra coisa. Pelo menos eu estaria no lugar em que ela veio até mim, aquele recanto sagrado onde ela destruíra meu antigo eu. Era assim que eu me sentia, como se uma parte de mim tivesse morrido e tivesse sido substituída por algo completamente novo. Será que esta nova vida que ela me havia dado iria durar? Tais pensamentos estavam muito distantes naquele momento. Tudo em que eu podia me concentrar era em nosso próximo encontro e na fixação repentina de seu olhar.

A caminho da colina senti um forte impulso de entrar em uma das muitas lojas de turistas que ladeavam a estrada estreita. Enquanto circulava pela pequena loja vi uma pilha de câmeras descartáveis e senti como se ouvisse uma voz que me dizia para comprar uma delas. Anos tinham se passado desde que eu tinha tido uma câmera e fiquei tentado a ignorar aquele impulso. No entanto, ele se tornou mais forte e mais insistente – Compre a câmera – a voz interior dizia convicta. Parecia que eu não tinha escolha. Paguei à mulher no caixa e coloquei a câmera no bolso de minha jaqueta.

O caminho colina acima estava deserto e subi até o ponto em que tinha deixado a trilha no dia anterior. Os espinhos e as pedras não significavam nada para mim naquela manhã e passei por todos os obstáculos que antes poderiam ter diminuído meus passos. Quanto tempo fazia que eu não sentia esta energia, este fluxo de adrenalina e de vida me impulsionando o coração com tanta determinação? Estava eu realmente apaixonado, perguntei-me. Cuidado, não se perca no aroma de sua presença. Lembre-se de quem ela é, não importa como apareça. É verdade, ela preenche o vazio como somente uma deusa pode fazer. Mas lembre-se de quem está por trás daqueles olhos, a Mãe Divina, o princípio feminino em si mesmo. Não se atire do penhasco à aparição de um anjo.

Minutos mais tarde eu pude ver o poste da paz à distância e meu coração pulou de alegria quando a vi sentada perto dele, esperando-me.

— Bom dia — disse ela, movendo-se para o lado na pedra onde estava sentada para que eu pudesse me sentar perto dela. Senti que minha mente começou a diminuir o ritmo quando me aproximei. A antecipação febril da subida tinha desaparecido e meu coração começou a nadar em um oceano de paz.

— Não sabia se você já estaria aqui — disse a ela enquanto me sentava. — Sabia que precisava vir o quanto antes, que não podia esperar mais.

— Esperei por você muito mais tempo do que imagina — respondeu ela. — Você também esperou muito por mim, não é mesmo?

Não respondi por um momento. Eu não estava seguro do que ela queria dizer com isso, embora meu coração concordasse, emocionado. — Tenho esperado por você de muitas maneiras, estou certo disto. Tudo o que sei é que naquele momento em que você se aproximou de mim nesta colina... não, no momento em que a vi em Belgrado, meu coração reviveu. É como se eu tivesse acordado de um sonho; eu não tinha percebido que estava dormindo até então.

— Há mais outra coisa além disso, não é mesmo? — Seus olhos azuis radiantes cintilaram quando ela disse estas palavras, como se estivesse me relembrando de algo que eu tivesse esquecido, mas que era extremamente importante. Ela esperou que eu respondesse.

— Não estou bem certo do que quer dizer com isso — disse eu.

— Quando esteve com os Emissários, você não tinha como saber quem eram eles ou o que estavam fazendo realmente. Portanto, não havia como compreender por que você era aquele que foi levado até eles. Não se questionou a esse respeito? Os Emissários da Luz têm rezado pela iluminação da humanidade durante dois mil anos e, quando chega o momento de finalizar a missão, eles vêm até você. Por quê?

— Nunca descobri porque — disse-lhe. — Cheguei à conclusão que era porque eu estava lá, disponível. Nunca me aprofundei mais do que até este ponto neste assunto.

— No entanto, há mais do que isso — disse ela. — Muito mais. E você já começou a lembrar-se. Começou a compreender quem são realmente os Emissários.

— Você está se referindo à 'Comunidade do Amado Discípulo', não é? Então é verdade. Os Emissários vêm da linhagem de São João. Quando a igreja começou a perseguir a ordem, eles se ocultaram e permaneceram assim desde então. Isto significa que o papel de São João foi completado. Jesus disse que João permaneceria até que Ele voltasse ou, pelo menos, sua comunidade permaneceria. O fato de os Emissários terem debandado deve significar que Ele voltou. O próprio João não está aqui para testemunhar, mas a comunidade que ele começou está.

— Não, Ele quis dizer exatamente aquilo que disse. João permaneceu e está aqui agora.

— Não compreendo — disse eu. — Você está se referindo a reencarnação?

— A idéia que vocês têm da reencarnação é pura fantasia — disse ela. — A verdade é muito mais simples do que espera e mais complicada, dependendo de seu ponto de vista. João nunca deixou a terra, nem Jesus.

— Está dizendo que eles têm estado na terra pelos últimos dois mil anos? Como é possível?

— Você acredita que este reino é limitado ao mundo físico que percebe — disse ela. — Existem muitos outros níveis de realidade que ainda precisa perceber e que são tão reais quanto este. É a partir desses planos mais profundos que o trabalho essencial acontece. Foi para esse reino que Jesus ascendeu depois de sua ressurreição e é lá que Ele tem permanecido, junto com João e muitos outros, esperando pelo tempo da grande mudança. Pode considerá-los um grupo de supremos observadores, um tipo de diretoria. Os Emissários foram a contraparte física desse grupo singular, formada por seres que alcançaram o mestrado nesse nível da existência, de qualquer religião ou caminho espiritual. Existem outros níveis de realidade além daquele em que João e Jesus trabalham, que você pode chamar de reinos angélicos. Os Emissários eram como uma âncora que servia como elo físico entre todos esses planos etéricos e o mundo físico.

— Sempre aprendemos que Jesus subiu aos Céus — disse eu — e esperaria que João também estivesse lá. Isto soa como se você estivesse dizendo que eles estão em algum lugar no meio desses planos e que algum dia deixarão esse reino e voltarão à terra.

Maria sorriu quando eu disse essas palavras, um sorriso amoroso, mas do tipo que alguém dá a uma criança quando ela não entende alguma coisa.

— Pode chamá-lo de Céu se quiser. De muitas formas, é bem similar ao seu conceito de Céu. No entanto, existem muitos outros níveis, tão sutis que você não tem como entendê-los. Os mestres não voltam desses níveis fisicamente, a não ser que seja em uma forma como esta que você está percebendo agora mesmo. Eu assumi este corpo para ensinar a você uma lição em particular. Quando terminar essa lição, o corpo também desaparecerá. Aquilo que volta ao mundo é o que você poderia chamar de 'assinatura energética'. Por exemplo, 'O Cristo' é uma experiência, não uma pessoa. Por favor, entenda isto porque é de vital importância — Jesus era certamente o Cristo, mas o Cristo não é limitado à sua idéia de quem era Jesus. Jesus assumiu esse referencial, ou essa assinatura energética, e assim tornou-se o salvador de sua era. O mestre pelo qual você está esperando, a quem chama de 'o próximo mestre', assumirá o mesmo quadro de referência de Jesus. Será o mesmo, apesar de ser diferente. Será Jesus, mas será outro.

— Não estou bem certo se entendi — disse eu. — O que diz você da Segunda Vinda? Jesus voltará mesmo à terra ou será sua alma que retornará?

— São ambas as coisas e nenhuma delas — respondeu ela. — Sinto muito se não faz sentido lógico para você, mas não há maneira de entender isto logicamente. Jesus, além de seu corpo e personalidade, tem estado sempre presente nos níveis etéricos, esperando para voltar à terra. Este é o momento predestinado do despertar, aquele em que o Cristo volta para iniciar o Mundo Novo. Entretanto, não acontecerá da maneira que você pensa. Em outras palavras, não espere que um judeu barbudo apareça e salve o mundo. E isto nos traz de volta a João e à sociedade que ele fundou.

— Antes de Jesus morrer na cruz, ele colocou a mim, Sua Mãe, sob os cuidados de João — continuou ela. — Daquele dia em diante o apóstolo tomou conta de mim, assim como os discípulos que o seguiram. Ele estava comigo quando entrei no mundo real e muitos anos depois ele seguiu o mesmo caminho. Ele não teve uma morte física como se costuma acreditar. Continuou como um mestre vivo para a comunidade que fundou e, o que é mais importante, tem protegido o maior mistério de todos – a verdadeira natureza do retorno de Cristo. Você vê, existem na verdade duas manifestações da energia de Cristo. Durante os últimos dois mil anos Jesus, em sua identidade do Cristo masculino, personificou essa manifestação. O Mundo Novo do qual falei é essencialmente uma mudança de polaridade. A energia de Cristo, como deve acontecer com tudo, está prestes a encontrar seu equilíbrio.

— Ainda não estou entendendo — disse-lhe eu, muito frustrado. — Shrinat Devi disse alguma coisa parecida, que existe outro Cristo, mas o que tem isto a ver com São João?

— Durante dois mil anos João tem cuidado e protegido quem você chama de 'o próximo mestre' — disse ela. — Ele a levou para a casa dele e para o coração dele e agora a está trazendo de volta para o mundo.

— Mas você disse que não era quem eu estava esperando — disse eu, — no entanto, você é quem ficou sob os cuidados dele. Isto então não significa que você é 'o próximo mestre'?

— Não, mas a energia que eu trago é a dele — respondeu ela. — Lembre-se da idéia que você faz a meu respeito, relembre esta aparição ou a maneira pela qual você foi levado a acreditar em mim. É a natureza feminina de Deus que eu trago, a energia da compaixão e da paz. O papel de João não foi somente o de proteger essa energia, mas de devolvê-la ao mundo. E é isto que João está fazendo agora — através de você.

— O que? Agora eu me perdi completamente.

— Deixe-me explicar isto de outra maneira. Como você já suspeitou, antes de ascender Jesus percebeu que haveria uma separação entre a igreja institucional encabeçada por Pedro e a igreja interna chefiada por João. Também fica claro, através do Evangelho, que Pedro não entendeu o papel de João; como podia ele entender se sua responsabilidade principal era organizar e estabelecer o que iria tornar-se uma forte instituição? Enquanto Pedro e os outros andavam pregando e estabelecendo a Igreja, João ficou absorvido nas visões extáticas que vieram a se tornar 'O Livro das Revelações'. Ele e seus discípulos estavam desenvolvendo seu entendimento das realidades esotéricas que eram a chave da espiritualidade mística de Jesus, os segredos da ressurreição e da ascensão, a cura dos males e o levantar dos mortos.

— A Igreja Católica Apostólica Romana tem ensinado sempre que o papa é o sucessor de São Pedro, que foi o primeiro papa. Também ensina que uma relação sagrada é estabelecida em cada ocasião em que um novo papa assume o posto e que o novo líder age como se fosse Pedro. Este é o verdadeiro significado da infalibilidade papal. Nada tem a ver com reencarnação, mas tudo a ver com 'assinatura energética'. O papa realmente entra em um campo de energia que foi certa vez ocupado pelo próprio apóstolo. Se o novo papa aceita e ativa esse campo de energia é outra questão, mas, apesar de tudo, o campo está lá presente.

— O mesmo tem sido verdade a respeito da igreja interna — continuou ela.

— Desde a ascensão de João centenas de pessoas penetraram no campo de energia que ele deixou, assim como o papa entra no campo de energia que São Pedro deixou. Cada uma dessas pessoas continuou a tarefa sagrada de manter o 'Cristo feminino' em seu coração, guardando e amando essa luz até que chegasse o tempo para a mesma ser ativada. Essas pessoas têm agido como João e têm se encarregado da missão dada a ele. Quando a igreja tornou-se tão temerosa dessa linhagem que se dispôs a destruí-la, o ramo mais secreto da ordem ocultou-se para preservar a missão. Eles têm sido conhecidos por muitos nomes, como os Cátaros, os Cavaleiros Templários, os Bogomils e, mais recentemente, os Emissários da Luz. Têm existido por dois mil anos e não chegaram ao final, apenas mudaram de direção.

— Se o que você diz a respeito do papa é verdade, então o mesmo deve ser verdade a respeito do Professor, o focalizador dos Emissários. Era ele quem mantinha a linhagem de João?

— Era. E agora que ele se foi, passou-a para outra pessoa. Essa pessoa é você, Jimmy.

Quase engasguei quando ela disse isso, embora pudesse sentir a direção para onde ela estava me levando. Eu tinha me questionado por que os Emissários tinham confiado em mim e passado a mim sua mensagem pelos últimos três anos. As pessoas muitas vezes me faziam a mesma pergunta e eu sempre me sentia embaraçado de ser diferenciado, de parecer especial de alguma maneira. Definitivamente, não sou nada especial, geralmente digo isso a eles, e é por isso que fui escolhido, porque é chegado o momento de todos nós tomarmos parte na experiência da qual falam os Emissários. No entanto, o que Maria disse era muito diferente. Ela parecia estar dizendo que eu era especial, como se eu tivesse algum dom especial a oferecer.

— Não é que você seja especial — disse ela, lendo meus pensamentos. — Não tem nada a ver com o fato de ser especial ou não, portanto pare com isso imediatamente. Cada um de nós vem a este mundo com dons únicos e é nossa responsabilidade usá-los sabiamente para melhorar a humanidade. É como uma peça com muitos personagens e vestimentas. Cada personagem tem linhas específicas a seguir e espera-se que as representem da melhor forma possível. Alguns atores têm mais falas do que outros, mas isto não os faz mais importantes. Quando a peça acaba e cerram-se as cortinas, eles são iguais novamente. Quando as vestimentas e a maquilagem são retiradas, eles não são diferentes de qualquer outra pessoa.

— Mas por que eu? — perguntei. — Quem sou eu para receber um papel como este?

— Tudo que posso dizer é que você o escolheu há muito tempo atrás. Pense nisso como um contrato que assinou antes de nascer. Chegou o tempo de honrar o trato.

Ela sorriu quando disse essas palavras. Era obviamente uma brincadeira, mas eu não estava rindo. No entanto, havia uma parte de mim, uma parte muito funda, que sabia que o que ela estava dizendo era verdade. De certa forma, não me surpreendeu. Havia muitas pessoas no mundo, pessoas muito comuns, que estavam despertando para missões extraordinárias e eu sabia disto. Uma que conheci pessoalmente era Nick Bunick, o tema do livro *Os Mensageiros.* Eu o conheci e nos tornamos amigos no circuito de palestras e, embora eu tivesse a princípio ficado um tanto suspeitoso de sua autoproclamação como a reencarnação de São Paulo, nossa amizade me convenceu de outra maneira. Ficou claro para mim que Nick tinha uma importante missão a cumprir, mas todos que o tinham conhecido até aquele momento de sua vida nunca esperariam tamanha grandiosidade. O mesmo valia para mim. Até mesmo eu nunca teria suspeitado dessa revelação. Ainda assim, em algum nível, de alguma maneira, era verdade e eu sabia disso.

— O que tudo isto quer dizer? — perguntei a ela. — O que você quer que eu faça?

— Você já está fazendo — respondeu-me ela tocando

em meu braço. A sensação de seus dedos tão ternos na minha pele transmitiram incríveis vibrações pelo meu corpo todo. Eu queria que ela mantivesse esse contato, mas ela retirou a mão alguns segundos depois. — Você tem divulgado a mensagem dos Emissários exatamente como lhe pediram que o fizesse. Entretanto, agora chegou o tempo da próxima fase. Lembra-se de quando o Professor lhe disse para iniciar o grupo seguinte de Emissários? Agora que a comunidade interior se externalizou, que os Emissários estão à vista, é hora de você começar este próximo estágio, o de reunir novamente a Comunidade do Amado Discípulo. Está percebendo, quero que você reconcilie Pedro e João.

Eu não conseguia acreditar no que ouvia. Será que ela queria dizer o que eu estava pensando? Se era isso, então eu sabia que estava acima de minha capacidade. Ela estava me pedindo para ajudá-la a fazer a ponte no antigo cisma que se formara entre a igreja institucional e a igreja interna fundada por São João. A Igreja Católica tinha perseguido esta linhagem e não era agora chegado o tempo de deixar de lado todas as diferenças? No entanto, isto soaria como loucura para alguém que estivesse fora do estreito círculo esotérico pelo qual viajei. Nenhum católico convicto aceitaria tal bobagem.

— Como posso fazer uma coisa dessas? — perguntei a ela. — Quem sou eu...

— Não tem nada a ver com você, Jimmy — disse ela. — Tem a ver comigo, com a essência do Cristo feminino. Este é o tempo esperado de cura e de reunião. É como dois irmãos que se distanciaram. Um ganhou o reino e o outro foi forçado a refugiar-se. No entanto, os tempos mudaram, como você tem percebido. Se a humanidade vai finalmente criar o mundo de paz do qual você teve uma visão, então isto deve ser feito em conjunto, a igreja interna e a igreja externa, como um corpo só. Isto é o que uma mãe faz, aproxima seus filhos amados para que se reconciliem.

— Contudo, por que isto está tão focado no cristianismo? — perguntei. — O que dizer das outras religiões?

— Você faz esta pergunta porque é da linhagem do Amado Discípulo — respondeu ela. — Este era um dos ensinamentos mais importantes de Jesus, adotado pela igreja interna e ignorado até agora pela instituição. Todo caminho para Deus é o mesmo quando está centrado no amor e na compaixão. Não tem nada a ver com a aceitação de uma personalidade ou de um salvador em particular. O único salvador é o próprio amor. São João aprendeu isto com Jesus, mas a igreja externa só agora pôs de lado as barreiras que a mantinham apartada da beleza de qualquer outra tradição. As pessoas que você irá iniciar, junto com todas aquelas que já estão trabalhando para o objetivo que eu trago, seguirão este evangelho e o Cristo feminino será então revelado.

— Preciso perguntar de novo. Você é o Cristo feminino?

— Eu carrego em meu coração o Cristo feminino — respondeu ela. — Por estar o meu coração aberto, você só sente essa Luz. No entanto, cada um de nós carrega em si a mesma Luz, embora ela tenha sido bloqueada por séculos de medo e desconfiança. No entanto, o tempo de despertar está aí e você está totalmente impregnado pela Luz de todas as luzes. Quanto mais se aproxima o momento aprazado, mais a Luz crescerá dentro de você, até que chegue o final da sua espera. Então a Luz nascerá e virá novamente ao mundo. Quando eu digo você, quero dizer todos vocês, pois o Cristo feminino não vem só para uma, mas para todas as pessoas. Esta é a mensagem do Amado Discípulo e agora é a sua mensagem.

— Você disse que foi-me dada a autoridade deixada por São João — disse eu. — O que devo fazer com essa autoridade?

— Seria melhor que não usasse a palavra autoridade — disse-me ela. — É um mundo ignorante que não aceita o verdadeiro significado da liderança. Você não tem mais autoridade do que qualquer outra pessoa, mas você, assim como muitos outros, certamente carrega o manto deixado pelo apóstolo. Ele era encarregado de cuidar do Cristo feminino, de cuidar das minhas necessidades. Os outros membros da ordem, tanto aqueles que estavam com João quanto os que o seguiram, foram encarregados da mesma tarefa. Quando deixei o plano físico, essa tarefa não mudou, foi internalizada. Este era um dos grandes mistérios da Comunidade do Amado Discípulo – o de manter o Cristo feminino no recinto mais sagrado de seus corações até que chegasse o tempo de sua liberação no mundo.

— E este tempo é agora? — perguntei.

— Realmente, é agora — disse ela com um sorriso que iluminaria o mundo inteiro. — É por isso que o papel de Emissário lhe foi confiado e àqueles que estiverem com você. É a época do ressurgimento do Cristo feminino, da compaixão de Deus que sempre esteve presente no mundo, mas que ficou dormindo sob o lençol da ilusão. A missão da ordem de João é revelar sua natureza e este é o momento para que isto aconteça. Você tem experimentado por si mesmo o mistério dos Emissários e agora é tempo do mundo inteiro conhecê-lo.

— Maria — disse eu, minha cabeça pesando tudo o que eu tinha ouvido. — Você deve saber que estou com muito medo... talvez não seja medo, mas confusão. Eu sempre soube disso tudo no fundo da minha mente, mas tentei fazer com que se afastasse. Quando era criança eu sentia esta revelação, mas não tinha como entendê-la, por isso tornei-a um sonho vão e impossível. Não era um sonho, não é mesmo? Era você quem falava comigo, não era? Era sua voz que eu ouvia.

— Como já disse, estive sempre com você. Estamos juntos agora, mas estivemos juntos antes. Lembra-se?

— O que quer dizer? — perguntei. — Estivemos juntos em outro tempo?

— Não importa. Isto você entenderá quando estiver preparado. No entanto, há uma coisa que precisa saber agora. Existem pessoas que tentarão impedi-lo de cumprir sua missão. Você já teve contato com essas forças e elas estão determinadas a destruir o que começou a ter raízes. Quero que esteja bem consciente disto. Você saberá o que fazer quando for o momento certo.

— Você tem razão, já senti isso. Precisei superar enormes obstáculos para chegar aqui, como se quisessem que eu ficasse longe.

— Queriam mesmo — disse ela. — Era essencial que nos encontrássemos aqui em Medjugorje e agora estamos prontos para dar o próximo passo. Você precisará passar por muitos testes antes de nos encontrarmos novamente, mas lembre-se de que estou ao seu lado. Uma vez que esta jornada se inicie, seu final está assegurado.

Perguntei a ela então uma coisa que surpreendeu a nós dois. Enfiei a mão no bolso da minha jaqueta e toquei a câmara.

— Maria, sei que isto pode soar estranho e não posso acreditar que eu consiga lhe pedir isto... importa-se se eu tirar um retrato seu? — Prendi a respiração por um longo momento enquanto ela me olhava.

— Não — ela finalmente respondeu. — Se acredita que isto o ajudará, tire meu retrato.

Pude sentir minhas pernas se dobrarem quando meu corpo se levantou da pedra e foi tudo o que senti. Era como se eu estivesse em um sonho e não conseguia me ligar ao que estava realmente acontecendo. Ela sentou-se ali na pedra e fiquei um pouco distante dela. Seu sorriso era sutil e seus olhos brilhavam. Tirei uma foto apenas, foi o máximo a que me atrevi.

Então ela se levantou e afastou-se de mim. Parecia

que minha pele estava sendo tirada de mim, como se tivéssemos nos fundido e nos tornado um ser apenas. As últimas palavras que ela falou me assustaram e eu não queria que ela partisse. Eu não queria ficar sozinho de novo.

— Não conte estas coisas a ninguém por enquanto — disse ela. — Você deve esperar que o próprio drama se desenrole, então entenderá. Saiba apenas que a Luz já chegou ao mundo e que a noite está quase no fim.

Ela se virou e começou a subir a colina. Eu não conseguia me mover ou dizer nenhuma palavra. O sol estava brilhando e eu podia ouvir o som dos peregrinos subindo a colina à distância. — Se eles soubessem... — disse eu a mim mesmo. Mas como poderiam saber? Eles não a teriam reconhecido mesmo se ela subisse a colina ao lado deles. E era desta maneira que devia ser, pois esta era a essência de suas palavras para mim. É o momento de encontrar Deus naquilo que é comum – uns nos outros. Era minha missão, bem como a missão da antiga comunidade. Estava à mostra agora, estavam expostos. Como poderia eu prever tudo isto?

— Amo muito você — disse ela virando-se novamente para mim. Embora as palavras não tivessem sido ouvidas pelos meus ouvidos, foram pelo meu coração. Era a voz da minha infância, a bela voz de Deus que tanto tinha me arrepiado e me deixado confuso. — Você saberá o que fazer, pois eu lhe direi tudo. Confie em mim e perceba o quanto confio em você.

Então ela se foi, desaparecendo sobre a colina.

Gostaria de poder lembrar-me e escrever cada palavra que Maria me disse em Medjugorje. Sei que o simples diálogo que aqui registrei contém a essência de sua mensagem e é isto que importa. A energia de sua presença me preenche ainda e está constantemente comigo. Aquele encontro realmente mudou minha vida e estou em dívida para sempre com ela por não ter esquecido uma promessa que fiz há muito tempo atrás.

Uma semana depois eu estava de volta à casa de Liz Story em Prescott, no Arizona. Eu andara viajando durante quase um mês e estava feliz de ter um tempo para concentrar-me em tudo o que tinha acontecido. O céu estava cheio de milhões de estrelas, nebulosas inteiras de mundos possíveis. Foi então que o vi – o cometa. A princípio não achei qualquer importância particular nele, mas então lembrei-me das palavras dela: — O mundo inteiro me verá iluminar o céu com uma cauda de luz. Então você saberá que já começou.

Hale-Bopp foi mais do que um fenômeno astronômico; foi um sinal do Céu, uma promessa de que tudo estava ocorrendo de acordo com o plano.

# Parte Dois

A comunidade artística do México começou a prestar atenção em Jacqueline Ripstein quando ela tinha doze anos de idade. Embora não tivesse tido educação artística, sabiam que havia nela algo especial. Ela ganhou uma competição nacional naquele ano e, embora sua habilidade ainda não estivesse plenamente desenvolvida, havia uma certa magia nos traços que desenhava e todos percebiam isso. Tinha se iniciado um caso de amor – o amor de Jacqueline pela arte e o da arte por Jacqueline.

Ela mudou-se para a Flórida em 1994, quatro anos depois que seu marido foi brutalmente assassinado na garagem de sua casa na cidade do México. Começou então um longo período de questionamento a respeito de sua própria vida e sua arte.

— Deve haver algo mais do que apenas isto — pensava ela consigo mesma.

— Minha vida deve ter um propósito, não somente de fama, mas um chamado superior.

Jacqueline já era uma artista bem conhecida e respeitada no México, mas os Estados Unidos eram um território novo e aberto. Ela assumiu consigo mesma o compromisso de elevar a um novo nível o seu trabalho, tornar-se um instrumento da verdade e do amor universal incondicional.

— Deus algumas vezes nos prega peças — diria ela mais tarde. — Pensamos estar pedindo uma coisa mas recebemos algo completamente diferente, que nunca esperaríamos. Nossa tarefa é abrir nossos corações para Deus, dispostos a dar tudo de nós mesmos, talento e energia. Então poderemos ser verdadeiramente usados porque não estaremos decidindo os movimentos por nós mesmos. Será Deus quem estará trabalhando através de nós.

Em março de 1997, no mesmo mês em que fui convidado para ir a Belgrado, Jacqueline foi contratada por Diana Abouzeid para pintar um quadro de Maria, a Mãe de Jesus, para um centro de recuperação na Bósnia. Diana tinha fundado o centro para ajudar famílias e crianças que viviam perto de Medjugorje e que haviam sido afetadas pela guerra entre croatas, muçulmanos e sérvios. O centro de recuperação era um porto seguro, um lugar onde as pessoas de qualquer religião recebiam amor, compaixão e esperança. Jacqueline imediatamente se sentiu atraída pelo projeto, mas se questionava se era realmente adequada para fazer um quadro de Nossa Senhora. Como artista que era, tinha aprendido a aceitar todas as religiões e a ver as semelhanças entre elas, não suas diferenças. Entretanto, havia sido criada como judia e, apesar de sua compreensão de que Maria transcende as religiões e as barreiras étnicas, ainda se sentia levemente apreensiva a respeito da aceitação das igrejas em relação a Ela. O amor incondicional e o apoio de Diana ajudaram Jacqueline a encarar e transcender seus testes e medos. Era um símbolo da universalidade da mensagem de Nossa Senhora, o amor de uma mãe que uniria a humanidade.

— A mensagem de Nossa Senhora para as crianças de Medjugorje é universal — disse-lhe Diana. — Em uma das aparições as crianças perguntaram a Ela quem era a pessoa mais devota de toda a área e Ela citou o nome de uma jovem a quem todos conheciam. As crianças ficaram confusas porque a moça não era católica, mas sim muçulmana. "Vocês não perguntaram quem era a pessoa católica mais devota — explicou Maria. — Devoção nada tem a ver com religião."

— Entendo o que você diz — respondeu Jacqueline. — Como artista, dou muita importância a estar aberta às verdades de todas as religiões. No entanto, será que eu não deveria ter uma conexão especial com Nossa Senhora? Você não quer uma artista que seja profundamente ligada a Ela?

— Se você for quem Ela quer que pinte seu quadro, então fará você saber disto, de uma maneira ou de outra. Vou fazer uma peregrinação a Medjugorje daqui a poucas semanas. Por que não se junta a nós? Então você descobrirá por si mesma se a sua conexão é profunda ou não.

Jacqueline aceitou o convite e começou a se preparar para a viagem. Dentro de alguns dias ela se viu começando um jejum de três meses. Sentia-se compelida a purificar seu corpo, espírito e mente pela primeira vez em sua carreira de vinte e seis anos, sem nem saber porquê. Durante várias semanas rezou e meditou, pedindo que lhe fosse mostrado o próximo passo a ser dado. Tomou uma decisão de não aceitar o compromisso do quadro a não ser que fosse claramente o desejo de Maria. Embora Jacqueline tivesse aceitado muitas ofertas para pintar temas espirituais, sabia que este convite era único. Deveria ser uma mensagem inconfundível e a sua própria convicção absoluta; de outra forma, ela declinaria da oferta.

A viagem a Medjugorje desempenhou um papel essencial na evolução da pintura de Jacqueline e de sua própria caminhada espiritual. O grupo chegou à Bósnia e ficou abismado não só com a incrível energia espiritual que define essa região, mas também pela violência que tinha se estabelecido ali há séculos. Embora Medjugorje permaneça como um símbolo da paz e da tolerância, Mostar, um dos piores exemplos de injustiça e de ódio, dista apenas alguns quilômetros dali. Foi aí que os católicos croatas massacraram centenas de muçulmanos, destruindo suas casas e a ponte que, durante séculos, foi um monumento representativo da paz. Parecia apropriado que Maria tivesse escolhido este lugar para trazer uma mensagem de esperança, que aparentemente não existia nessa região da Bósnia.

Um dos participantes da peregrinação era um padre católico chamado Padre Thomas. Durante a viagem de ônibus de Zagreb a Medjugorje ele decidiu satisfazer sua própria curiosidade a respeito da mulher que tinha sido convidada a pintar a Santa Mãe. Ele tinha dúvidas a respeito da decisão de Diana de convidar Jacqueline para aquele trabalho. Ele teria preferido que fosse uma artista católica ou, pelo menos, cristã, para um trabalho tão sagrado quanto este. Foi até o fundo do ônibus logo que pôde e perguntou se poderia sentar-se ao lado dela.

— Como se sente a respeito desse trabalho? — perguntou a Jacqueline. — Estou certo de que você entende que é uma grande honra ser convidada a pintar Nossa Senhora. Existem pessoas que irão questionar por que foi escolhida para tanto uma mulher judia.

— Eu também gostaria de saber por que fui escolhida, Padre. No entanto, não creio que uma determinada religião possa ser uma limitação. Seja eu judia, cristã ou hindu, o que realmente importa é minha vontade de seguir a vontade de Deus.

— É possível para nós sabermos qual é a vontade de Deus? — perguntou ele. — Com certeza você tem suas próprias razões para aceitar este trabalho e as mesmas podem ser ou não inspiradas pelo divino.

— O fato de eu ter sido convidada já diz bastante. Não pedi para fazer este trabalho. Diana foi quem veio me procurar. E ainda não sei se vou aceitar. Este é o motivo pelo qual estou nesta viagem com vocês, para descobrir qual é a vontade de Deus.

— Você acredita em Jesus?

Jacqueline ficou chocada com a pergunta tão incisiva.

— O senhor acredita em Deus? — ela perguntou a ele.

— É claro que sim. Como eu poderia ser padre se...?

— Então acredita que a vontade de Deus está além daquilo que qualquer um de nós possa compreender — disse ela. — Portanto, como qualquer um de nós pode julgar se o que pensamos é apropriado ou não? Isso não cabe a nós. Tudo o que podemos fazer é apoiar uns aos outros em nosso desejo de saber qual é a vontade de Deus em relação a nós. É isto o que estou procurando fazer, Padre. Sei que o senhor só quer o que é melhor para este projeto e nisto concordamos inteiramente. Tudo o que peço é que reze para que Nossa Senhora mostre qual é minha missão.

O Padre Thomas voltou a seu lugar com uma expressão estranha, mistura de humildade e de ofensa. Jacqueline sabia que ele iria ficar prestando atenção nela e, se achasse necessário, tornaria público seu descontentamento. Ela sabia que o tinha deixado incomodado. Se não era ela quem devia pintar o quadro de Maria, então esperava conseguir descobrir isto. No entanto, se fosse ela, então o que aconteceria?

Medjugorje não era nada como Jacqueline tinha pensado. O pequeno vilarejo de antigamente estava repleto de lojas de turistas, cada uma tentando obter lucros com o fluxo constante de viajantes que queriam comprar estátuas de louça e rosários de plástico. O comércio excessivo a perturbou. Isto então era fé? Ela se questionava enquanto atravessava as ruas. Só depois que saiu da concorrida rua principal e se dirigiu para a Colina da Aparição é que sentiu finalmente a verdadeira energia de Medjugorje.

Grupos de peregrinos caminhavam pelo caminho estreito e batido que levava ao topo da colina, alguns rezando e outros conversando baixinho uns com os outros. Havia uma reverência que ela podia sentir naquela longa subida que falava mais do significado da mensagem de Nossa Senhora do que qualquer outra coisa. Suas convicções lhe disseram que esta colina era o lugar para fazer sua própria oração – um pedido do coração que a ela fosse mostrado o que fazer. Ela sabia que o lugar onde começavam as visitas era o verdadeiro coração do vilarejo. Era ali que iria obter sua resposta.

Alguma coisa ou alguém na colina parecia estar olhando-a – uma presença quente e bela que a enchia de incrível alegria. Era como se o próprio solo tivesse absorvido a Luz de Nossa Senhora e estivesse irradiando uma bênção. Ou será que era mais ainda? Talvez ela não estivesse sozinha. Certamente havia muitas pessoas ao seu redor, mas não era disto que se tratava sua sensação. Era tão intensa, como um raio laser de tamanha intensidade que cortava seu coração, abrindo-o por completo. O que estaria acontecendo, ela se perguntava.

Quando chegou de volta ao sopé da colina, parou em uma pequena capela que tinha uma estátua de Maria no pátio. Parecia brilhar com a mesma energia que tinha sentido na colina. A sensação de estar sendo observada por algo divino voltou, mas ela virou-se, pensando que era sua imaginação e começou a andar em direção ao vilarejo.

No final da tarde do primeiro dia, Diana informou ao grupo que iriam encontrar-se logo com o Padre Jozo Zovko, o líder espiritual de Medjugorje. Foi o Padre Jozo quem foi preso e torturado por não ter dado fim às 'ridículas reivindicações' das crianças de Medjugorje. As autoridades locais tinham ficado inegavelmente nervosas a respeito da devoção que as aparições estavam inspirando. Havia uma revolução no ar e não queriam que fosse atiçada pelo fervor do fanatismo religioso. Desde sua libertação, o Padre Jozo tinha sido procurado constantemente. Embora este humilde franciscano não estivesse nem um pouco interessado na fama que estava adquirindo, a oportunidade de encontrá-lo era uma rara honra.

Diana apresentou o padre a Jacqueline logo que chegaram ao centro onde ele trabalhava. Ele já tinha ouvido falar a respeito da proposta feita a Jacqueline e estava curioso por conhecer a mulher judia escolhida para pintar Maria. O Padre Jozo não questionou imediatamente a escolha pelos antecedentes religiosos dela. Sua abertura era testemunha de um extraordinário ser humano que ultrapassara os limites do passado e estava conectado com a unicidade de tudo. Ele acreditava que, se Jacqueline viesse a entender Maria e sua mensagem, a pintura sairia perfeita. Jacqueline foi imediatamente conquistada pelo angelical padre e ficou muito feliz quando, alguns dias mais tarde, ele a convidou para visitar um grupo de viúvas da guerra.

O aposento estava quente e apinhado quando chegaram. As mulheres estavam agrupadas em uma longa mesa, costurando coisinhas que mais tarde seriam vendidas no vilarejo. O Padre Jozo convidou Jacqueline a sentar-se na cabeceira da mesa e, com a ajuda de um tradutor, estimulou-a a falar com as mulheres.

— Encontramos força umas nas outras — murmurou uma mulher mais velha que estava inclinada sobre a mesa. — No entanto, existem milhares de mulheres como nós na Bósnia, esposas e mães que perderam suas famílias nesta terrível guerra.

Jacqueline ficou profundamente emocionada pela abertura e honestidade das mulheres. A vontade delas de sentar-se com alguém de outro país, alguém que nunca tinham encontrado e que nunca iria realmente compreender seus problemas, ajudou-a a sentir-se mais próxima de tomar uma decisão a respeito do trabalho proposto.

Depois de ouvir suas histórias, Jacqueline falou, mantendo bem lento o ritmo de suas palavras para que o tradutor pudesse vertê-las para a língua local.

— Não sou assim tão diferente de vocês — disse ela. — A guerra de vocês é óbvia. O horror está aí para todos verem. Eu venho de um lugar onde a guerra é escondida, oculta para que o mundo não a possa ver. Muitas mulheres no México sentem a mesma tristeza que vocês. Meu próprio marido foi morto quando estava entrando em seu carro, na nossa própria garagem. Nunca descobrimos quem o matou e muitos anos se passaram antes que eu conseguisse perdoar seus assassinos. Eis porque é tão importante para mim estar aqui com vocês e ver que somos iguais. A dor de vocês é a minha dor e estou hoje aqui para ajudar da maneira que eu puder.

Quando saíram do aposento o Padre Jozo tocou o braço de Jacqueline.

— Obrigado pelo que disse lá dentro. Acredito que foi escolhida pelo divino para este trabalho de pintar Nossa Senhora. É preciso alguém como você para compreender a compaixão que Ela tem. É isto o que você pintará, não uma mulher, mas a sua essência. As pessoas poderão vê-La não com os próprios olhos, mas A sentirão em seus corações. Estou honrado que tenha aceito este papel.

Será que já tinha mesmo aceitado? O Padre Jozo estava tão certo disto e sua confiança era contagiante! Pela primeira vez Jacqueline sentiu que poderia aceitar. Começou a crer que talvez houvesse razões importantes pelas quais ela tinha sido convocada, razões que não entendia. Sua relutância parecia estar desaparecendo, substituída por uma certeza que a fazia sentir-se forte.

Na manhã seguinte, o grupo todo se reuniu na Igreja de São Tiago, no centro de Medjugorje. Jacqueline sentouse na segunda fileira com vários de seus novos amigos, observando a multidão. Ela ficou comovida pela sinceridade dessas pessoas, peregrinos de todo o mundo que tinham ido absorver um lampejo do mistério que cercava e permeava esse lugar.

No entanto, o que queriam e por que estavam realmente ali? Era para ter sua própria visão ou para estar simplesmente próximos ao vórtice de Medjugorje? Jacqueline sentiu uma poderosa sensação de amor por todos que via. Estava começando a sentir a verdadeira energia deste local sagrado, não tanto o resíduo da presença de Maria que pairava acima deles como um perfume de flores, mas o amor e o compromisso trazido pelas próprias pessoas. Esta era a mágica verdadeira e a transformação que experimentavam era a deles mesmos.

A atenção de Jacqueline começou a vagar durante a missa. Ela estava olhando pela igreja, perdida em seus pensamentos, quando alguma coisa passou pelo canto do seu olhar. Olhou sobre o altar e na direção da esquerda, diretamente para a luz que entrava através dos vitrais das janelas. O que viu refletido ao sol desafiava qualquer explicação e ela sabia exatamente o que significava. Uma linda mulher flutuava na luz, olhando com incrível amor e graça para a multidão abaixo. O rosto de Jacqueline deve ter mudado sensivelmente porque outras pessoas começaram a olhar na mesma direção e a ver a mesma coisa.

— É ela — alguém por perto sussurrou com espanto. — Pode-se ver Nossa Senhora na luz.

Outras pessoas disseram que era simplesmente uma ilusão de ótica, um truque da luz, mas, para Jacqueline, era um sinal - um sinal do céu que aliviava sua mente. Ela se questionou como poderia ser capaz de transmitir a beleza desta magnífica mulher. Uma mera pintura nunca poderia capturar o que ela tinha visto, mas sentiu que tentaria. Se era o desejo de Maria que o quadro fosse feito, então ela guiaria o pincel na mão de Jacqueline. De outra maneira seria apenas outro rosto, outra imagem em mais uma tela.

Jacqueline voltou à Flórida e imediatamente se pôs a cumprir a tarefa para a qual havia sido contratada. Ficou surpresa ao sentir aquela dúvida familiar, aquela apreensão que julgava curada na viagem a Medjugorje.

Tudo parecia estar levando-a em direção ao trabalho,

mas uma sensação de inadequação persistia, como se houvesse ainda uma parte dela, embora pequena, que não acreditava em todos os sinais, em todas as maneiras pelas quais o Céu estava conduzindo seu coração em direção a Maria.

Quatro dias mais tarde ela estava parada diante de uma tela vazia, esperando inspiração. O bloco de esboços que tinha feito estava cheio de idéias, de rostos e figuras que podiam tornar-se uma vívida obra de arte. Entretanto, algum bloqueio a estava mantendo meio distante, sem atingir a imagem pela qual ansiava. Havia, contudo, uma idéia que ficava bailando em sua cabeça. Ela via Maria flutuando em uma nuvem, com a Terra à distância embaixo. Jacqueline podia ver o rosto de Maria em uma imagem mental, mas não sabia se funcionaria quando o colocasse na tela.

Jacqueline lutou o dia todo com estes fortes testes emocionais, que tornavam ainda mais difícil a tarefa de pintar Nossa Senhora. Então, abriu a Bíblia no Livro de Jó, em uma passagem que a levou a crer que os testes se apresentaram por uma razão. Ela percebeu que, quanto mais forte a dor e a lição, maior era a oportunidade. Decidiu transcender a negatividade e sentou-se para começar a fazer alguns primeiros traços de Nossa Senhora. Ela continuaria, mas ainda necessitava de ajuda. De onde viria essa ajuda, ela se questionava.

Eram quase dez e meia da noite e Jacqueline estava cansada. Tinha ficado lutando com os rascunhos durante o dia todo e precisava deixá-los de lado. Antes de fazer isto, levou o bloco a um pequeno altar que tinha colocado em seu estúdio. Havia uma vela de vigília, grande e clara, queimando dentro de um vidro e ela deixou o bloco ali ao lado. Jacqueline pediu outro sinal, uma intervenção a mais para poder descansar a mente. Será que esta era a imagem que Maria desejava, aquela que estivera rabiscando durante todo o dia? Se fosse, se ela estivesse no caminho certo, então precisava da confirmação. Pediu a Maria que lhe mostrasse o que fazer a seguir. Ela estava querendo realmente deixar todo o projeto de lado ou seguir adiante. Entretanto, precisava de conhecimento direto, caso contrário não faria nada.

Jacqueline acordou uma hora e meia depois, exatamente à meia-noite, ao som lamentoso de um dos alarmes contra incêndio do condomínio. Colocou seu sobretudo e correu para a sala de jantar. Não havia fumaça nem sinal de fogo e ela notou imediatamente que o único alarme ativado era exatamente do lado de fora do seu quarto. Suas tentativas de desligá-lo falharam, por isso veio um homem da manutenção lhe dar assistência. Não houve nada que ele conseguisse fazer, a não ser desmantelar o equipamento e levá-lo à loja para trabalhar nele no dia seguinte.

Ao voltar para o quarto, Jacqueline passou pelo altar com a vela e os papéis. Uma coisa na vela fez com que ela parasse. A vela tinha estado queimando durante três dias e ficara limpa durante todo aquele tempo. No entanto, agora parecia haver um objeto brilhando na luz, como se a cera tivesse formado uma imagem no lado de dentro do vidro. O que ela viu naquele momento foi o último sinal, o milagre que a convenceu de que realmente estava sendo escolhida para pintar Nossa Senhora. A cera tinha assumido a forma exata que ela tinha rabiscado antes naquele dia. Jacqueline abriu o bloco para comparar as imagens, para assegurar-se de que não estava louca e lá estava ela, linha por linha, idêntica. Quando novamente olhou para a imagem de cera, a luz da vela brilhando através dela fez com que a mesma parecesse viva, deu a ilusão do movimento. Lágrimas escorreram pelas suas faces. Sua prece tinha sido respondida mais uma vez.

Pegou o bloco com os desenhos e imediatamente foi para o estúdio. Pintou durante horas naquela noite, usando a vantagem da energia divina que estava sentindo ao seu redor. Pela manhã a imagem estava já tomando vida e todas as dúvidas que sentira tão fortemente tinham desaparecido.

Vários dias depois, Jacqueline convidou uma amiga para ir à sua casa e ver a vela e a imagem de Maria. A mulher ficou tomada pela alegria de contemplar aquele milagre e saiu do apartamento maravilhada. Quando desceu do elevador, quase colidiu com um senhor idoso que estava passando. Ela agarrou-se ao braço dele, pediu desculpas por não olhar para onde estava indo. O homem fitou-a diretamente nos olhos e sentiu de imediato algo incomum naquela presença.

— Há um brilho em seus olhos muito lindo — disse a ela. — Você deve ter acabado de passar por uma experiência maravilhosa.

— Poderia dizer que acabei de presenciar um milagre — ela lhe respondeu.

— Você estava visitando alguém neste prédio?

— Sim, minha amiga é artista e...

— Preciso ver sua amiga — disse ele ansiosamente. — Não sei porque, mas sinto que é importante. Sou um rabino e prometo que não a incomodarei.

— Minha amiga também é judia, mas sinto muito, não posso dar-lhe seu nome. Isto seria uma invasão de privacidade.

O rabino continuou a insistir em conhecer Jacqueline, mas a mulher recusou e partiu. Convencido de que sua intuição estava certa, o homem começou a fazer perguntas aos outros moradores até que descobriu o nome de Jacqueline, a única artista do edifício. Deixou uma mensagem para ela tranquilizando-a e ela o chamou no dia seguinte.

— Ficarei contente que venha — disse Jacqueline ao telefone e então explicou o milagre da vela. — Algumas marcas de cera apareceram no vidro acima da imagem e parecem letras hebraicas. Infelizmente não sei falar hebraico e talvez o senhor pudesse dizer-me o que significam.

O rabino foi à sua casa naquele mesmo dia. Jacqueline abriu a porta e viu um homem baixo e idoso, com um casaco preto e um solidéu no topo de sua cabeça, os olhos estreitos e intensos. Ela o convidou para entrar na sala, onde vários outros amigos aguardavam. Conversaram por alguns momentos até que ela trouxe a vela. O velho a examinou durante vários minutos, segurando-a contra a luz para determinar se era autêntica. Quando ficou satisfeito, colocou-a de lado e olhou para Jacqueline.

— Existem duas coisas que devo lhe revelar — disse ele. — A primeira é que não são somente letras hebraicas, são realmente palavras.

— E quais são essas palavras, rabino? — perguntou ela, tremendo por dentro.

— Essas palavras são: Deus existe e faz milagres.

Jacqueline ficou atônita. Era difícil crer que sua história pudesse chegar a ser tão fantástica. Se ela não fizesse parte da mesma, duvidaria dela. Respirando profundamente, perguntou: — Qual é a outra coisa que deve dizer-me?

— Este milagre pode vir de Deus, mas você deve afastar-se dessas pessoas. — Sua voz ficou fria e cortante de repente. O olhar em seu rosto não podia ser descrito e ela afastou sua mão quando ele se inclinou sobre a mesa para tocá-la.

— Minha querida, você caiu em uma armadilha. Eles fizeram uma lavagem cerebral em você — disse ele, a voz tremendo um pouco. — Você é judia, não cristã. Estas palavras são um sinal de Deus para que volte ao seu próprio sangue. Por que outra razão iriam aparecer em hebraico?

— Como artista, não tenho religião — respondeu ela. — Ainda assim, tudo o que tem me acontecido vem de Deus. Talvez seja porque a própria Maria fosse judia.

— Ouça-me, por favor — disse ele em uma voz gentil e preocupada. — Sei o quanto este milagre parece fantástico e concordo que é algo para ser levado em conta. No entanto, esta mulher que você pintou é cristã, não judia. Você não pode devotar-se a ela, nem a esta pintura, ou até mesmo a este milagre e ainda continuar a considerar-se judia.

Jacqueline reconheceu algo nos olhos dele que já tinha visto antes. Era o mesmo medo que tinha vislumbrado nos olhos do Padre Thomas. Ambos tinham medo de estarem errados. Para o Padre Thomas, uma mulher judia sendo escolhida para pintar Maria ameaçava sua idéia de que o catolicismo fosse a única igreja verdadeira. Para o rabino, significava que milagres autênticos podiam ocorrer além de sua estrita ligação com o judaísmo. Estes dois homens eram, na verdade, muito parecidos, percebeu Jacqueline. Visto que tudo o que fazemos ou é um ato de amor ou um chamado para o amor, ela decidiu passar por cima do seu ataque e dar a ele o que realmente ele precisava.

— Sinto muito que se sinta desta maneira — disse a ele. — No entanto, existe apenas uma maneira de determinar o que vem ou não de Deus. É através do amor. Tudo o que tem acontecido a respeito de eu ter aceito este trabalho tem a ver com o amor. E agora este milagre aconteceu e me diz para seguir esse amor.

Enquanto Jacqueline dizia isto, sentia as palavras em sua mente: "Deus existe e faz milagres".

— Então por que precisa de mim? — perguntou o rabino.

— O senhor foi enviado para dizer-me o que as letras significavam — disse Jacqueline. — E é por isso que sei que devo continuar o trabalho. Por favor, tente compreender, não quero voltar-me contra nada em que o senhor acredite. Entretanto, penso que estamos todos tendo uma incrível oportunidade de ver além das nossas diferenças, de ver as nossas semelhanças. Pode ser necessário um milagre para que isto aconteça e aqui está ele.

— Fico inspirado pela sua convicção — disse ele — e lembrarei tudo isto em minhas preces. Talvez eu seja muito velho para compreender tais coisas... talvez você esteja certa. Não posso negar este milagre e tentarei deixar de lado meu julgamento.

Minutos depois o rabino se escusou e saiu do apartamento. Jacqueline sentou-se no sofá e olhou novamente para a vela. Sentia uma cálida sensação, como se a vela ainda estivesse acesa, e ela soube que havia uma luz espiritual queimando dentro dela. As religiões institucionais e dogmáticas estavam tentando distanciar-se de sua experiência e ela sabia que isso não iria dar certo. A energia era demasiadamente forte e os milagres eram muito importantes para serem negados. Pareciam realmente se encaixar em tudo que ela sentia a respeito de Maria.

— Ela veio trazer compaixão e perdão radicais — pensou Jacqueline — não julgamento. É desejo Dela unir as pessoas, não separá-las ainda mais. Talvez tenha sido isso, talvez esta estranha polarização tenha sido o primeiro passo.

A nova energia que Jacqueline sentia inspirou-a a dedicar-se totalmente à pintura. Ela achou que tinha entrado em um fluxo artístico espantoso, sua mão deslizando pela tela com uma estranha agilidade e graça. Pouco tempo depois havia somente uma coisa faltando – os olhos. Por alguma razão, Jacqueline descobriu que não conseguia concentrar-se neste último detalhe, que daria vida à pintura; havia algo muito estranho a respeito desta sensação. Era como a hesitação que uma mãe pode sentir durante a conclusão do seu trabalho de parto, momentos antes de trazer a criança ao mundo: nesse momento já é tarde demais, pois a criança já está formada e precisa apenas respirar. Nossa Senhora do Universo, a pintura com a qual Jacqueline estava comprometida, estava somente esperando seu primeiro sopro de vida.

Ela foi consultar quatro vezes um terapeuta respeitado, esperando que ele a ajudasse a superar esta barreira final. A cada vez voltou ao seu estúdio e ficou parada diante da tela aguardando acontecer alguma coisa. Não ia respirar, pensou. Ela tinha medo de deixá-la respirar. Entretanto, fez uma visita final ao terapeuta, como uma última oportunidade para atingir a luz.

Quando se deitou na mesa de atendimento, podia sentir uma espantosa energia correr através de seu corpo. Era como se um raio brilhante de luz tivesse penetrado em sua alma, ligando-se intimamente com a parte mais essencial de sua vida. Havia um ritmo suave na experiência, como se algo a estivesse embalando. Primeiro ela ficou com medo e quis ir embora, mas era algo tão suave, tão persistente, que decidiu esperar, apenas por um momento, para ver onde a conduziria. Então viu os olhos em sua mente, como se Nossa Senhora estivesse olhando diretamente através dela. Ela não se moveu, ficou imobilizada na mesa por mais um instante. Então tudo terminou, mas ela sentiu que algo havia mudado ou, talvez, se rompido.

Quando voltou ao estúdio, foi até o quadro e instintivamente pegou o pincel e começou a pintar os olhos, exatamente como tinha visto na sua visão. Sentia como se estivesse girando e sacudiu a cabeça para clarear a visão e continuar a pintar. Momentos depois tinha terminado e afastou-se para olhar.

O quadro começou a respirar, como se realmente o ar estivesse passando pelos pulmões da figura pela primeira vez. Uma lágrima caiu dos olhos de Jacqueline enquanto ela ficava ali parada e seu coração encheu-se de alegria. Qualquer que fosse a razão, Maria tinha adquirido vida através dela e ela agradeceu por ter sido o instrumento pelo qual esta vida sagrada conseguira se manifestar.

Diana, que a tinha contratado para pintar o quadro, convidou o grupo que tinha ido a Medjugorje para um almoço, acompanhado do Padre Jozo. Quando finalmente a pintura foi desvelada, lágrimas começaram a formar-se nos olhos do padre. Ele disse que o quadro lhe mostrava o vasto horizonte que transcendia a própria religião, capturando a essência do amor universal. Que espantoso resultado, Jacqueline pensou consigo mesma. O quadro tinha começado a exercer sua magia.

No dia seguinte o Padre Jozo começou uma excursão por quinze cidades com o quadro e, na primeira noite, pediu que o deixassem em seu quarto. Ele podia sentir a presença da Mãe e não conseguiu dormir. Na manhã seguinte, o grupo se reuniu e o Padre Jozo descreveu como o quadro o tinha levado para um outro nível. Jacqueline então mostrou-lhe a vela milagrosa.

— Sim, Ela está aqui — disse o padre ao grupo. — Ela é a Mãe de Todos. E está nos pedindo para despertar Deus, para vivermos nossas vidas com amor e união.

A excursão começou mais tarde naquele mesmo dia e multidões vieram ver o novo quadro. A galeria encheu-se de gente que veio comprovar o que tinham ouvido, que aquela era uma extraordinária obra de arte. Poucos sabiam a respeito dos milagres que tinham acompanhado a pintura. A maioria tinha alguma associação ou com Medjugorje ou com o centro de recuperação, mas ninguém poderia antecipar a experiência que iria se seguir.

Uma coisa muito estranha parecia acontecer a cada pessoa que se aproximava do quadro, que estava colocado sobre um tripé apoiado em uma parede ao fundo. Quando entravam na galeria, todos vinham ansiosos e falando muito, mas, quando se encaminhavam na direção do quadro, acontecia algo muito incomum. Várias conversas, que começavam em tom normal perto da porta, lentamente começavam a se aquietar até que os visitantes paravam em frente a Nossa Senhora. Então ficavam em completo silêncio. Um pequeno semicírculo formava-se ao redor da pintura, mais como se fosse uma vigília do que uma exibição de arte. Uma sensação de isolamento flutuava no ar e era maior naquele ponto, diretamente em frente da imagem.

Diversas pessoas pareciam entrar em profunda meditação apenas por ficar de pé diante daquele ponto. Um padre ficou tão comovido que caiu de joelhos e começou a rezar. Quando Jacqueline acendeu a luz negra, revelando a luz e os anjos que, de outra maneira, ficariam invisíveis, um som como um longo suspiro se fez ouvir. Ninguém disse uma palavra. Só ficaram ali, com lágrimas nos olhos, se perguntando o que aquilo significava.

— É incrível, Jacqueline — disse o Padre Jozo, tocando no seu ombro. — É preciso apenas uma pequena luz para que vejamos a Grande Luz.

Então um homem indiano baixinho adiantou-se e quebrou o silêncio. Era um curador de décima geração, de uma família da Índia muito respeitada. Ele sabia o que devia ser feito e podia ver tudo o que os outros não conseguiam.

— Sabe que ela está viva? — perguntou ele a Jacqueline. — Está viva, ela até mesmo pulsa.

— O que quer dizer? — perguntou uma mulher.

— Deixe-me mostrar-lhes.

Ele pegou a mulher pela mão e parou com ela diante do quadro e então colocou o dedo dela no ponto onde normalmente se tomaria o pulso de uma pessoa. Ela se sentiu meio tola, tocando uma pintura desta maneira, mas ele insistiu, colocando suas próprias mãos na cabeça dela.

— Agora, concentre-se na mulher do quadro. Sinta sua santidade, toda a luz que vem de seu corpo.

Houve um longo momento de silêncio. Ninguém respirava.

— Meu Deus — ela disse finalmente. — Posso sentir uma pulsação. Há realmente uma pulsação vindo do quadro.

Uma a uma, as pessoas se adiantaram e o homem pôs suas mãos na cabeça de cada uma. Alguns caíram de joelhos soluçando. Outros ficaram simplesmente atônitos. Jacqueline olhava tudo aquilo com absoluto espanto. Maria tinha se mantido fiel a sua promessa, pensou consigo mesma. Tinha realizado um milagre de cor e tinta, uma mensagem de amor e de união em um simples quadro.

# Parte Três

Fazia três anos e meio que eu estava no 'circuito' e estava começando a perder o ânimo. A maior parte do tempo eu passava viajando de uma conferência para outra ou de um concerto a outro – uma sucessão interminável de palestras, entrevistas e apresentações. Embora eu fosse grato por ter a oportunidade de viajar através do mundo inteiro, divulgando a simples mensagem que eu tinha recebido nas montanhas da Bósnia, comecei a me perguntar se eu estava me aproximando do final de uma viagem muito longa. Tinha se passado um ano e meio desde que eu tinha visto Maria em Medjugorje e me questionava se ela tinha se esquecido de mim. Ela era o 'próximo mestre' de quem os Emissários tinham falado, disto eu tinha certeza, mas tinha se passado tanto tempo e tão pouca coisa havia mudado. Talvez fosse por minha própria culpa, pensava eu. Talvez eu não tivesse feito o que Maria tinha me pedido, passar sua mensagem sobre a natureza compassiva de Deus. Qualquer que fosse o motivo, eu tinha caído em uma estranha melancolia e me sentia em estado de sonambulismo nas minhas aparições públicas, como se fossem rotina.

No entanto, tantas coisas incríveis haviam acontecido em 1998. Em fevereiro fui convidado pelos governos do Iraque e da Irlanda do Norte para cantar as orações pela paz durante negociações críticas. Em ambos os casos foi divulgado um folheto, principalmente através da Internet, e milhões de pessoas de todo o mundo rezaram pela paz enquanto eu me apresentava. Eu não tinha idéia de que havia tanta gente querendo se abrir desta maneira e tornar-se parte de um movimento pela paz que estava se espalhando pelo planeta. Talvez os Emissários estivessem certos, pensei comigo mesmo. Talvez estivéssemos prontos para criar um mundo que refletisse as leis do amor ao invés de espelhar as regras do medo.

Três dias depois de cada vigília acontecia um milagre: no Iraque, embora a guerra parecesse inevitável, o acordo de paz foi assinado por Kofi Annan e Saddam Hussein e na Irlanda do Norte os delegados dos partidos políticos conseguiram nas conversações pela paz assinar o acordo um mês antes do previsto. Foi uma honra incrível ter tomado parte nesses dois processos miraculosos e me descobri pensando que talvez a profecia de Maria estivesse se realizando.

Em abril demos outro passo incrível na direção da realização deste Mundo Novo. Eu tinha ficado muito amigo de dois conferencistas famosos – Gregg Braden e Doreen Virtue. Encontramo-nos em uma conferência em Houston e imediatamente soubemos que tínhamos um importante trabalho a fazer juntos. Decidimos continuar o momento criado pelas vigílias de paz do Iraque e da Irlanda do Norte e, juntos, organizamos "O Grande Experimento". O "Experimento" era formado em torno de uma questão muito simples: o que aconteceria se milhões de pessoas concentrassem suas mentes e orassem pela paz ao mesmo tempo? Será que um evento mundial de tal natureza poderia ser mensurado, provando de uma vez por todas o que os místicos têm sempre nos dito, ou seja, que temos a força de mudar o mundo simplesmente mudando nossos pensamentos a respeito dele? Eu já tinha sido convidado para apresentar-me a quarenta embaixadores no Centro da Igreja das Nações Unidas em Nova York, em 23 de abril. No mesmo dia, Gregg estaria indo para o Tibet com um grupo de pessoas. Parecia a oportunidade perfeita e em alguns dias produzimos o folheto e começamos a mandar *e-mails* para todo o mundo.

Não havia maneira de podermos saber o quanto este "Grande Experimento" iria se tornar importante. Algumas estimativas dizem que participaram pelo menos cinco a dez milhões de pessoas, de pelo menos oitenta países. Foi como se o mundo inteiro parasse de repente e se unisse em uma revolução de amor, um movimento de oração de tal natureza como o globo nunca tinha visto. O prédio das Nações Unidas foi ocupado de uma maneira que ninguém esperaria. Embora o concerto para os embaixadores fosse um evento privado, centenas de pessoas ligaram para lá tentando obter informações e ganhar convites. Mesmo tendo recebido respostas de que não poderiam entrar, grandes grupos ficaram andando fora do prédio esperando conseguir entrar. Muitos de fato conseguiram, descobrindo milagrosamente um caminho para o edifício e para o salão certo.

Quinze minutos antes de chegarem os embaixadores, os organizadores do evento me pediram para juntar-me a eles em um círculo de orações. Depois de diversas pessoas terem expressado sua alegria pelo evento que estava por começar, uma mulher se dirigiu ao centro do grupo e disse algo que mal pude acreditar.

— Há quatro anos, quatro meses, quatro semanas e quatro dias atrás, um grupo de anciãos da tribo 'hopi' foi convidado para vir às Nações Unidas dar seu testemunho a respeito do Mundo Novo. Uma das coisas que disseram foi que exatamente quatro anos, quatro meses, quatro semanas e quatro dias a partir daquela data algo iria ocorrer neste prédio que mudaria para sempre o mundo. Este é o dia que foi profetizado por aqueles veneráveis senhores. Este é o início de uma nova era de paz.

Quando o momento programado finalmente chegou, um profundo silêncio caiu sobre o salão inteiro. Parecia que milhões de orações estavam desabando do céu. Eu nunca tinha experimentado tamanha paz e graça antes e sabia que a mulher que fora ao centro do grupo estava absolutamente certa. Alguma coisa tinha mudado, todos nós sentíamos isto. Ninguém sabia como isto se manifestaria, mas dobramos uma esquina naquele dia e um Mundo Novo nasceu.

Todos os dias depois daquele, quando relembro aqueles eventos, fico pleno de extrema gratidão. Aquela experiência me ajudou a me concentrar naquilo que realmente era importante, naquilo que eu sabia que devia ser feito e afastou minha mente da repentina falta de energia e de compromisso que estava me acometendo. Aquela estranha solidão ainda estava lá, a solidão que me acompanhava como uma sombra, mas agora era mais como um pulsar silencioso de um tambor, o padrão rítmico que alguém ouve à distância, assombrado e familiar.

Naquela ocasião eu já estava sem ter uma casa própria havia três anos. A necessidade de falar e de me apresentar era insuperável e bem-vinda. No entanto, cavou um buraco em minha alma que precisava ser preenchido. Eu precisava sentir o chão que senti quando estava na presença de Maria. Não consigo descrever como ela me fez sentir, só posso dizer que foi a idéia mais próxima de 'lar' que já senti. Além da sua imensa beleza, além até mesmo da sabedoria que fluía dela tão facilmente, havia uma energia que desafiava qualquer descrição e isto é quem ela realmente era. Era a luz pela qual eu ansiava e com a qual sonhava. Era a única bebida que podia saciar minha sede.

Alguns meses mais tarde, eu estava pronto para uma conferência de trabalhadores da luz, antecipando ansiosamente a oportunidade de ver Gregg e Doreen novamente. Era a primeira vez, desde que tínhamos nos encontrado em Houston, que estaríamos juntos na mesma conferência. Era exatamente do que eu estava precisando, pensei comigo mesmo. Eles me rememorariam sobre o porquê desta minha jornada. E, ainda que eu não soubesse o motivo, tinha a estranha convicção de que eles iriam me ajudar a reconectar-me com Maria.

Quando as pessoas se juntam e se concentram naquilo que é mais importante, isto às vezes tira nossa energia do monótono ritmo a que nos acostumamos. E, embora minha vida fosse cheia de aventuras e de oportunidades, sentia que tinha esquecido porque eu estava aqui, porque tinha sido eu o primeiro a ouvir os Emissários.

Houve mais uma razão para esperar que esta conferência me sacudisse da melancolia que sentia: Gregg, Doreen e eu tínhamos organizado outra vigília pela paz mundial chamada 'Não há nada a temer' para o dia 13 de novembro de 1998. Ainda que não soubéssemos disto quando marcamos a data, os Estados Unidos e seus aliados estavam novamente à beira de atacar o Iraque. Saddam Hussein tinha forçado os inspetores das Nações Unidas a sair de Bagdá e recusou-se a recuar diante da pressão internacional. As negociações estavam em suspenso e a guerra mais uma vez parecia inevitável.

Gregg, Doreen e eu chegamos a West Palm Beach, na Flórida, e começamos a planejar nossa reação a esta nova crise. A notícia sobre a vigília tinha se espalhado pelo mundo e era óbvio que não era por coincidência que íamos aparecer juntos na mesma conferência. Eu era o orador inicial e Doreen falaria mais tarde naquela noite.

Durante meu discurso, falei da necessidade de ver a paz como uma realidade presente, não como alguma coisa que estivéssemos tentando alcançar.

— Se nos concentrarmos no conflito no Iraque e tentarmos resolvê-lo, então estaremos, na verdade, aumentando o conflito — disse eu. — Aquilo em que nos concentramos aumenta. Se focarmos nossas mentes na paz que já esteja presente, como se já tivesse sido conquistada, então nossas orações energeticamente se conectarão com a solução, não com o conflito.

Eu tinha ouvido isto dos próprios Emissários e acreditava nessa idéia. Naquele momento, no entanto, as palavras ecoaram dentro de mim, buscando um lugar sólido para se fixar.

Durante o discurso de Doreen, Gregg e eu nos juntamos a ela no palco. Quando chegou a hora de começar a vigília, pedimos que todos no auditório se sentissem unidos com todos no mundo que estivessem rezando pela paz naquele exato momento.

— Esta mente única tem o poder de levar a paz onde o conflito parece reinar — disse Doreen. — A decisão que tomamos pela harmonia do globo se espalhará pelo mundo e todos que acreditem que a guerra é uma opção, no Iraque ou em qualquer outro lugar, mudarão sua mentalidade e se juntarão a nós nesta revolução, agora e sempre. Este é o momento em que a paz prevalece. Juntos agradecemos esta mudança e o fato de termos sido usados como instrumentos da paz.

Nenhum de nós sabia que o presidente Clinton tinha acabado de ordenar que a OTAN atacasse o Iraque. Em poucos minutos os jatos de combate já estavam no ar, preparados para cumprir as ordens. Entretanto, outra vez ocorreu um milagre que ninguém esperava. Três horas depois que a vigília começou, Saddam Hussein mandou uma mensagem para as Nações Unidas dizendo que ele permitiria que os inspetores voltassem. O presidente Clinton ouviu a notícia e ordenou aos pilotos de combate que voltassem. No entanto, o jogo de xadrez não tinha ainda terminado. Mais uma vez o presidente Clinton ordenou aos jatos que atacassem e, momentos antes que as bombas fossem lançadas, ordenou que voltassem pela segunda vez. Ninguém soube bem porquê. Horas e dias tensos se passaram, mas o conflito foi evitado e a paz reinou mais uma vez.

Ficamos muito felizes com este desenvolvimento. Embora nenhum de nós se sentisse pessoalmente responsável pela extraordinária mudança dos acontecimentos, sabíamos que milhões de pessoas concentrando suas mentes na paz tinham tido um efeito profundo.

Lembrei-me de quando Maria me chamou a atenção para a promessa que eu tinha feito quando tinha doze anos apenas. Tinha pedido a ela para fazer de mim seu instrumento, para que me usasse para levar a paz ao mundo. Comecei a entender que Deus está sempre querendo usar-nos desta maneira, na realidade é a única oração que Deus sempre ouve. Todos nós somos solicitados a nos dar para o mundo e a permitir que nossos dons sejam usados para promover a cura e a paz. Mesmo uma coisa tão simples como uma oração pode ser usada por Deus, pois dá força a cada pensamento, a cada desejo expresso pelas pessoas na terra. Quando nos entregamos ao ritmo divino dentro de nós, então agimos como uma só mente, um só coração batendo por um mundo transformado. Isto é o que aprendi nessas vigílias de oração.

Depois de Doreen ter terminado seu discurso, eu estava perto da entrada do salão conversando com algumas pessoas quando senti a mão de alguém no meu ombro. Virei-me e vi uma mulher com olhos profundos e penetrantes próxima a mim e imediatamente dei-lhe minha total atenção.

— Meu nome é Jacqueline Ripstein — disse ela. — Sou uma artista e tenho diversos quadros em exibição nesta conferência. Existe um em particular que eu gostaria que você visse.

Tomou-me pela mão e me conduziu para um dos cantos do salão, onde três quadros estavam em tripés. Paramos diante de um deles, uma bela pintura de Maria flutuando em uma nuvem. Fiquei imediatamente fascinado.

— Esta se chama Nossa Senhora do Universo — disse ela. — Li seu livro *Emissário da Luz – Uma Visão de Paz* e sei que esteve em Medjugorje. Esta pintura me foi encomendada por um centro de recuperação de crianças bem próximo daquele vilarejo. Entretanto, parece ter sido também encomendada por mais alguém. Parece que milagres acontecem toda vez que o quadro é exibido. Ele tem um poder especial, como se tivesse sido abençoado por Nossa Senhora.

Não fiz a conexão entre a pintura e minha experiência com Maria de imediato. Olhei-a por alguns instantes e elogiei o talento da artista, então procurei desculpar-me. Estava cansado pela noite cheia e precisava repousar. Jacqueline disse que gostaria de ter uma conversa comigo antes do final da conferência. Respondi que iria procurar tornar isto possível. Com toda a honestidade, eu não acreditava que teria tempo e, visto que não me sentia disposto, pelo menos naquele momento não tinha desejo de criar tempo para tanto. A energia que senti depois da vigília foi tão forte que não queria assumir compromissos com ninguém.

Naquela noite caí em um sono profundo e tive uma série de sonhos espantosos. Em um deles eu estava de volta à Bósnia com os Emissários, sentado junto com o Professor, o líder da comunidade. Ele estava lá sentado olhando através do fogo para mim, mas não disse uma palavra. Era muito incomum, porque aquele era o lugar em que tivemos a maior parte de nossas conversas. Eu contemplava as fagulhas enquanto voavam entre e sobre nós e esperava que ele falasse. Ele não disse nada.

No sonho seguinte encontrei-me em Jerusalém, onde tinha estado vários meses antes. Estava andando pela capela que agora existe onde se diz que Maria viveu há dois mil anos atrás, um salão redondo com belas pinturas alinhadas na parede. No entanto, as pinturas não eram as mesmas que tinha visto durante minha visita. Quando parei e olhei cada uma delas, percebi que eram cenas da minha própria vida. A primeira era eu quando criança, fazendo a minha promessa a Maria. Na segunda, eu estava no mosteiro rezando diante da estátua da Virgem. No quadro seguinte vi-me nas montanhas da Bósnia sentado perto do fogo com o Professor, em seguida em Medjugorje, sentado próximo ao poste da paz com Maria.

Havia uma última pintura e foi a única que me deixou confuso. Era o quadro de Jacqueline, Nossa Senhora do Universo. Fiquei repentinamente assombrado por ver como era parecido com a versão de Maria que eu tinha encontrado na colina. A estrutura da face era quase idêntica. Ainda assim, eu me questionei por que todos os outros quadros refletiam eventos que já tinham ocorrido na minha vida, menos o último. Tinha a sensação de que o mesmo representava algo que ainda iria acontecer.

No sonho final eu estava no Iraque, sentado no vestíbulo do Hotel El Rasheed. Foi ali que passei a maior parte do tempo enquanto estive em Bagdá, observando centenas de repórteres enquanto carregavam equipamentos para dentro e para fora do hotel ou pacientemente esperando o senhor Sabar, meu guia. Quando me sentei para observar a cena, senti repentinamente alguém do meu lado no sofá. Virei-me e vi o Professor, o velho Emissário que não tinha dito nenhuma palavra no sonho anterior.

— Está vendo o quadro agora? — perguntou ele.

— Isto é uma piada, por acaso? Parece que você está se referindo à pintura que aquela mulher me mostrou.

— Se você acha que estamos falando de um quadro, você está com problemas — disse ele. — Com tudo que vem lhe acontecendo, eu esperava que estivesse um pouco mais esperto. O quadro é um símbolo de quem ela é, assim como era a mulher que você viu em Medjugorje. Em outras palavras, não tem nada a ver com o que ele se parece. A verdade está mais abaixo, sob a superfície. Ela poderia ter aparecido a você da maneira que quisesse. Escolheu uma maneira com a qual poderia lhe ensinar uma lição. Agora você a viu novamente mas, devido à sua fixação em relação à imagem, deixou que tudo passasse completamente desapercebido.

— O que está querendo dizer? Está ainda falando a

respeito do quadro?

— Estou falando do plano dela, que você ainda não conhece, mas que está prestes a começar. Tudo tem levado a isto – sua experiência com os Emissários, as vigílias de oração, o encontro com Maria na colina. Assim como você sentiu todas as vezes em que milhões de pessoas rezaram juntos, a mudança está prestes a ocorrer. Tudo o que você aprendeu está prestes a ser testado.

— Qual é exatamente a mudança? — perguntei-lhe.

— Ela já lhe disse. A humanidade está prestes a entrar na energia que vocês chamam de compaixão. É a natureza feminina de Deus, da qual Maria falou. Mas é mais do que isso. Um dos resultados dessa mudança é que as pessoas aprenderão a acessar essa energia diretamente. Vocês confiaram nas experiências dos outros por demasiado tempo. Milagres ou aparições ocorrem em lugares como Medjugorje e todo mundo corre para ouvir o que foi dito. No entanto, não acreditam que possam fazer parte da experiência. É mais fácil deixar que alguém mais fale com Deus e fazer perguntas depois a esse alguém. É isso que está por mudar. Já é hora das pessoas experimentarem esta energia elas mesmas. É assim que a humanidade dará o próximo passo, o passo além do Portal. Vocês precisam ter uma experiência direta com o amor de Deus e saber que o principal papel de Nossa Senhora é este – ajudar os outros a chegar a esse ponto. Ela é a encarnação da compaixão ou a energia feminina do divino, Ela é quem mudará os corações das pessoas e os abrirá para a paz verdadeira.

— Estou esperando que isto aconteça faz muito tempo — disse eu. — Quando vi o cometa há um ano e meio atrás, pensei que tudo fosse se acelerar. Ao invés disso, parece que tudo ficou mais devagar.

— Algumas vezes o fruto precisa aguardar na vinha um pouco mais do que se espera antes de estar pronto para ser colhido — disse o Professor. — Tudo tem acontecido em perfeita ordem e você fez tudo o que podia ter feito. Isto está por mudar. É por isso que estou aqui com você agora, para assegurar que esteja prestando atenção.

— O que diz a respeito do quadro? — perguntei. — Eu sei que existe alguma coisa importante em relação a ele, pois, caso contrário, não teria aparecido em meus sonhos.

— Como eu disse, preste atenção. Você está no lugar certo, é tudo o que posso lhe dizer. Você terá logo as informações que precisa para dar o próximo passo e para responder a uma pergunta que realmente não fez. Não se preocupe, ela não se esqueceu de você.

Isso foi tudo de que consegui me lembrar na manhã seguinte. Imediatamente sentei-me no meu escritório e escrevi o sonho, com todos os detalhes possíveis. Não vou deixar nada de fora, pensei comigo mesmo. Se este era o ponto onde tudo iria finalmente acontecer, então eu queria estar certo de estar preparado.

Depois fui procurar Jacqueline. Centenas de pessoas enchiam o corredor que levava à sala de conferência e eu não sabia se teria tempo para encontrá-la antes da sessão da manhã. Quando passei pela sala de jantar, ouvi alguém me chamando.

— James, entre e venha nos fazer companhia. — Jacqueline estava com vários amigos tomando o café da manhã e rapidamente arrumaram-me um lugar. Sentei-me, servi-me de uma xícara de café e respirei aliviado.

— Ainda bem que você me viu — disse eu nervosamente. — Eu estava mesmo procurando por você, mas, com todas aquelas pessoas...

— Temos um pedido a fazer a você. — Foi Connie quem falou desta vez, uma bela mulher espanhola que tinha estado com Jacqueline no dia anterior.

— Acreditamos que há uma força na combinação de

diferentes formas de arte. Nossa missão tem sido a de mostrar o quadro de Jacqueline ao maior número de pessoas possível, mas acreditamos que tocará a mais pessoas ainda se houver um acompanhamento musical.

— Gostaríamos que você compusesse uma ou duas canções que pudessem acompanhar o quadro — disse Jacqueline, continuando. — Tive esta idéia desde que li seu livro e principalmente desde que ouvi você cantar ontem à noite. Existe uma característica na sua música que ressoa com esta pintura e acredito que lhe dará mais força. Sei que acabamos de nos conhecer e que este pedido é muito repentino, mas eu ficaria honrada se você aceitasse.

— Não é tão inesperado quanto acredita — disse eu. — Fale-me um pouco mais a respeito do quadro, a respeito da energia que você diz que ele tem.

— Ah, esta é uma longa história — disse Jacqueline. — Em primeiro lugar, não sou católica, na verdade não sou nem cristã, sou judia. Entretanto, como artista, não me prendo a nenhuma religião, mas sim a todas as religiões. Mesmo assim, foi estranho quando fui contratada para pintar Nossa Senhora do Universo. Eu não sabia se era a pessoa certa para pintar o quadro. Pensei que certamente deveria haver um artista que tivesse uma conexão mais pessoal com Nossa Senhora. Decidi que precisaria receber um sinal que mostrasse que eu deveria aceitar a tarefa. Os esboços a lápis que eu estava fazendo ajudaram-me a me sentir um pouco mais confortável, pois eu sentia uma forte energia vinda deles, mesmo quando ainda estavam em um estágio inicial. No entanto eu precisava de mais alguma coisa e rezei a Nossa Senhora para que me mostrasse qual era a vontade Dela.

Jacqueline continuou a descrever o incidente com a vela de vigília, como a imagem tinha aparecido no vidro, semelhante nos mínimos detalhes ao esboço que ela já tinha feito.

— Conte a ele sobre as letras — disse Connie.

— Ah, sim, a cera derretida tomou formas estranhas sobre o rascunho e percebi que eram letras hebraicas. Infelizmente eu não sabia ler hebraico e por isso convidei um rabino para vir à minha casa e olhar essas marcas. Ele me disse que não eram letras ao acaso, mas que formavam palavras inteiras, que significavam 'Deus existe e faz milagres'. Bem, você pode imaginar como me senti. Tudo o que posso dizer é que não perdi mais tempo depois disso.

— Quando ela terminou o quadro, diversas exposições foram imediatamente arranjadas — disse Connie. — Foi então que percebemos que era verdadeiramente um quadro que vinha do céu. As pessoas entravam em estado alterado de consciência só de olhá-lo. Ele tinha uma energia que tocava a todos muito profundamente e sabíamos que Nossa Senhora tinha um plano especial para ele.

Eu estava cheio de alegria e de medo ao mesmo tempo. Estava começando a fazer sentido, tudo o que eu tinha aprendido com o Professor e em minha conversa com Maria. Os dois tinham falado da necessidade das pessoas experimentarem diretamente o divino, não através dos outros. E era isso que parecia estar acontecendo com este quadro. A única pergunta pendente para mim era: como é que eu me encaixava nisso tudo?

— Não sei a resposta a esta questão — disse Jacqueline, sacudindo a cabeça. — No entanto, sinto que de alguma forma você está envolvido. Vou lhe dizer novamente, existe algo em sua música que ressoa com a pintura. É como se ambas se completassem de alguma maneira.

Mais tarde naquele dia consegui um tempo para ficar sozinho com o quadro. Quando fiquei de pé diante do quadro comecei a ter uma sensação de alguma forma familiar. Era a mesma sensação que senti quando estive com Maria em Medjugorje, ainda que em menor grau. No entanto, era a mesma. Pela primeira vez desde que estivemos juntos na colina eu sabia que ela estava me chamando. Podia sentir novamente sua presença e isso me encheu de uma espantosa energia.

— O que está sentindo? — perguntou uma voz atrás de mim. Virei-me e vi Jacqueline. — Sente alguma coisa incomum?

— O que acha que isto significa? — perguntei, evitando responder sua pergunta. — Deve ter um propósito, uma razão superior ou um apelo. O que acha que pode ser?

— Acredito que muitas bênçãos estão vindo para o mundo neste momento — disse ela, — como se tivéssemos entrado em um período muito especial da história. Também creio que Nossa Senhora tem um papel especial a desempenhar, pelo menos a energia que Ela espalha e representa.

— Que energia é essa?

— Ela representa o amor, a paz. É por isso que é chamada a Rainha da Paz. Acredito que esta é a época em que a humanidade entrará na energia dEla, na energia da compaixão. As pessoas começarão a querer essa experiência mais do que qualquer outra coisa e Ela estará pronta para distribuí-la a todos.

— Mas você é judia — disse eu, provocando-a um pouco para ver até onde ela iria. — Está me dizendo que Ela desempenhará o mesmo papel para todos, independentemente de sua religião ou fé?

— Para começar, Maria também era judia — disse ela. — Eu também não acredito que isto tenha alguma coisa a ver com a religião, mas sim com o amor que transcende a religião. O papel de Nossa Senhora não é converter todas as pessoas ao catolicismo, mas sim trazê-las para a graça de Deus que não conhece fronteiras. Ela pode aparecer de uma maneira a uma pessoa e completamente diferente à pessoa seguinte. Entretanto, ainda é Ela, quem quer que seja. É ainda a graça de Deus que está sendo mostrada para todo o mundo. É isto o que Ela representa.

— Como você acha que este quadro levará as pessoas a essa experiência?

— Não faço a menor idéia — disse ela. — Realmente isto não tem nada a ver comigo, mas sim com Ela. Venha, quero mostrar-lhe uma coisa.

Jacqueline dirigiu-se para a pintura e ligou uma luz negra que estava presa em cima dela. De repente, raios de luz apareceram sobre Maria e cobriram-na de um brilho mágico.

— Isto é chamado de Arte Invisível e técnica de iluminação — disse ela enquanto se afastava do quadro. — É algo que inventei. Sob a luz normal o quadro aparece de uma maneira, mas, quando ligamos a luz negra, surgem os raios de luz. Isto também é uma brilhante metáfora. Se olhamos com nossos olhos físicos, vemos apenas a superfície da mensagem. No entanto, quando olhamos com nossos olhos espirituais, vemos muito mais. Vemos a luz que nos é enviada pelo céu como uma dádiva. Não é interessante que uma luz negra seja usada para ver o quadro por completo? Da mesma forma, precisamos penetrar em nossa própria sombra, nas coisas que escondemos dos outros porque ficamos com vergonha, para soltarmos nossa luz interior. É só quando nos entregamos por inteiro a Deus, a parte boa e a parte má, o positivo e o negativo, que somos iluminados.

Eu fiquei espantado com a sensibilidade e com a percepção dela. Éramos iguais em muitos pontos, especialmente naquele desejo simples de sermos usados como instrumentos da paz. Ela fazia isso com um pincel, eu com o som. O que aconteceria se combinássemos esses dois meios de comunicação? Talvez fosse esse o desejo de Maria, juntar todas as suas crianças e iniciar a mudança da qual tantas pessoas estavam falando. Eu me perguntava se poderia contar minha história a Jacqueline, a história de Maria e como ela mudara minha vida. Por alguma razão, decidi não fazê-lo, mas esperar um pouco mais. Alguma coisa estava por acontecer, algo que juntaria todas as peças do quebra-cabeças. Eu deveria esperar até ter mais perspectiva, até sentir de novo o chão debaixo de meus pés.

— O que quer que eu faça? — perguntei a ela.

— Não acho que tenho o direito de pedir-lhe para fazer qualquer coisa — disse ela tocando meu braço. — Este projeto não é meu. Sou como você – sigo ordens. Você deve perguntar a Ela.

— Já fiz isso — disse eu — e acho que já tenho a resposta. Deixe-me passar um tempo com o quadro e ver que música vem. Se for isto o que ela realmente quer, então virá sem esforço. Concordo com tudo que disse, Jacqueline. Combinar estas duas formas de arte seria algo de muita força. Amplificaria as experiências que as pessoas já estão tendo. Creio que a música e a arte têm a qualidade especial de passar por cima do intelecto e atingir direto o coração. É por isso que seus efeitos não são racionais, pelo menos não de um ponto de vista mental. No entanto, do ponto de vista espiritual é completamente racional e é por este motivo que instintivamente gravitamos em torno da arte.

— Então tudo está por conta dEla — disse Jacqueline. — Seremos seus instrumentos e deixaremos que Ela nos use da maneira que quiser. Se este quadro e a sua música são parte do plano dEla, então que seja assim.

Eu sentia uma ligação com Jacqueline que não conseguia explicar, como se tivéssemos feito um pacto muito antigo que finalmente estava sendo cumprido. Passei o resto da conferência esperando, sem saber direito o quê. No entanto, eu sabia que alguma coisa ia acontecer. Tínhamos chegado a um ponto crítico em nossa jornada e eu sabia que a espera havia terminado. Eu não ia agir por conta própria, ia esperar que Maria me dissesse o que fazer. E eu sabia que Ela diria.

Dois dias mais tarde, eu estava voando de Denver a

São Francisco. Jacqueline tinha me dado uma fotografia do quadro e eu tinha meditado com ele durante horas. Isto me fez sentir próximo de Maria novamente, enchendo-me com o amor que tinha sentido na colina de Medjugorje há um ano e meio atrás. Era quase como se o quadro vibrasse com a presença dela, enchendo-me de um espantoso senso de gratidão.

— O que quer que eu faça? — perguntei. — Você me trouxe tão longe e sei que estamos perto do final. Por favor, não me deixe esperar mais tempo. Farei tudo por você, mas terá de dizer-me o quê.

De repente, algo aconteceu que não consigo explicar plenamente. Senti-me em muitos lugares ao mesmo tempo, como se meu espírito tivesse de repente ultrapassado dimensões e eu estivesse plenamente consciente de muitos níveis de realidade. Embora ainda percebesse meu corpo no avião, em profunda meditação, também estava consciente de mim mesmo em diversos outros lugares. As faixas de tempo tinham convergido e o movimento linear tinha parado de existir. Embora impossível de explicar plenamente esta sensação, posso resumi-la em três experiências separadas. Primeiro, havia a sensação física de estar sentado no jato. Segundo, eu me sentia como se estivesse outra vez com o Professor, sentado perto do fogo nas montanhas da Bósnia. Finalmente, estava na colina com Maria, exatamente no mesmo lugar em que estivera antes. Cada uma dessas experiências era total e completa, como se ocorressem todas ao mesmo tempo. Além do mais, eu tinha a habilidade de estar totalmente presente em todas. Estava completamente envolvido em cada experiência e todas ocorriam ao mesmo tempo.

— Está vendo o que está acontecendo? — perguntou Maria.

— Sinto o que está acontecendo, mas não entendo. Chegamos à encruzilhada, não é?

— Estivemos sempre na encruzilhada — disse o Professor. — É exatamente o que você acabou de entender.

— Não estou bem certo de ter entendido.

— Você sempre existiu em muitos lugares ao mesmo tempo — disse Maria. — O Portal da Eternidade tem estado sempre dentro de você. Você existe em ambos os lados do Portal. Agora está pronto para experimentar ambas as realidades simultaneamente.

— É disso que trata a sua mensagem? Se eu estou pronto para isto, então todo mundo também está. Não é isso?

— Seria mais correto dizer que você está pronto para estar pronto — explicou o Professor. — Quando se libertar do medo do que significa estar totalmente presente no divino, então aquilo que é mais essencial dentro de você virá à tona. Isso esteve sempre dentro de você, mas ficou escondido pela sua própria resistência.

— Uma era de paz está ao alcance de todos — disse Maria — simplesmente porque a humanidade começou a aceitá-la. Toda realidade ocorre junto com toda realidade possível. O mundo do medo fica ao lado do mundo do amor e você sempre escolhe o mundo que quer perceber. A revolução do amor é a escolha de ver além da sombra da realidade e enxergar a verdadeira realidade. Este é o verdadeiro significado do Portal da Eternidade. É uma metáfora, assim como tudo o mais.

— Então, o Portal da Eternidade reflete a escolha entre o amor e o medo — disse eu. — Quando escolhemos o amor, o mundo também muda.

— O mundo que você percebe é o resultado dessa simples decisão — disse-me o Professor. — É como ligar a luz. O aposento que estava escuro em um momento fica iluminado de repente, um instante depois. Você se torna capaz de ver coisas que antes eram invisíveis à sua visão. Sempre estiveram lá. A única coisa que muda é seu desejo de vê-las.

— Então, é por isso que você está aqui — continuou Maria — na encruzilhada, como você mesmo colocou. E a própria humanidade está aqui com você. Você não pode tomar uma decisão que não envolva os outros. Este é o tempo da transformação e esta transformação ocorrerá quando as pessoas entrarem por si mesmas no Portal. Elas farão isto entrando em contato direto com o divino. Você não pode mais ficar dependendo do testemunho de outras pessoas, mas sim ter as próprias experiências. Deus existe para todos e a experiência do divino está sempre esperando. Tudo que é necessário é o desejo de entrar. O resto é uma dádiva de Deus.

— Você e Jacqueline receberam uma dádiva muito importante — disse o Professor. — O quadro dela e a sua música farão uma ponte para muitas pessoas, um ponto de acesso para elas entrarem nesta experiência.

— Quero que vá a um estúdio de gravação daqui a três dias — disse ela. — Estarei lá com você e entrarei na sua música. Você cantará para mim e eu cantarei em troca para o mundo. O som e a arte possuem uma qualidade especial sem paralelo. A energia espiritual pode se ligar a ambos e ficar registrada nas ondas do som e da luz. O ego não compreende este processo e por isso não pode interferir no mesmo. Ele passa pela mente e toca o espírito. Quando canta suas canções, eu imprimo minha energia nas ondas sonoras. Já fiz isto com o quadro. Quando combinados, quando a música e a pintura forem experimentadas juntas, muitas pessoas serão curadas e milhares entrarão em contato direto com sua natureza divina.

— Não se preocupe com o que vai cantar — disse o Professor. — Tudo lhe será dado. Você pediu para ser um instrumento da paz. Bem, agora é a hora. Entre no divino e permita que Ele o use. Dê sua voz a Deus e deixe a luz divina fluir de sua canção. Isto é o que você estava esperando. A dádiva do Espírito está ao seu alcance.

Não acho palavras que consigam explicar o que aconteceu a seguir. Ondas de amor fluíram sobre mim, enchendo-me de compaixão para com todos os seres, revelando cada mistério do universo. Vi de repente o todo, como se a realidade em si se abrisse diante de mim. Uma cortina se abriu para um Mundo Novo. Senti Maria e o Professor como nunca antes, como se não estivessem fora, separados de mim. A luz e a sombra fluíam juntas, como se fossem aspectos diferentes da mesma realidade. Passei para um reino diferente, sem mover-me. Tudo mudou e nada mudou. Não existem palavras para descrever o que me aconteceu enquanto estava sentado naquele vôo para São Francisco, mas o mundo desde então não me parece mais o mesmo.

Foi como se eu tivesse acordado de um sonho. Ouvi a voz do comandante através dos microfones pedindo que os comissários de bordo se preparassem para a aterrissagem. Esforcei-me para me mover, tentando desesperadamente agarrar-me ao que tinha acabado de acontecer. O cinto de segurança estava ao meu lado e finalmente fui capaz de prendê-lo. Longos momentos se passaram enquanto o jato descia. Senti-me também descendo, como se estivesse caindo do céu. Podia sentir meu corpo novamente, mas agora a sensação do físico era estranha para mim. Algo estava diferente, mas eu não estava certo do que era. A experiência com o Professor e com Maria foi mais real do que qualquer coisa que eu já tinha passado. Entretanto, não havia contexto com o qual pudesse ser relacionado, comigo ou com os outros.

Quando finalmente aterrissamos, vi-me com uma estranha sensação. Medo e exaltação surgiram lado a lado e eu me questionava qual dos dois era apropriado. Quando sai do jato, podia ainda sentir a presença do Professor e de Maria. No entanto, não tinha tido tempo de integrar o que tinha acabado de acontecer. Senti-me como um bebê tirado repentinamente do útero da mãe. Era um Mundo Novo e eu não tinha qualquer idéia de como lidar com ele.

Tenho o hábito de ligar meu celular no momento em

que saio de um vôo e, quando fiz isto, vi que havia uma mensagem. Apertei o botão para saber quem havia ligado.

— Jimmy, é Shrinat Devi. Preciso falar com você imediatamente. Por favor, ligue-me assim que for possível.

Eu não conseguia acreditar no que ouvia. Mais de um ano havia se passado desde o dia em que ela havia me dito que eu precisava me encontrar com Maria em Medjugorje. Como podia ela ter me chamado naquele preciso momento? Disquei o número sem hesitação e meu pulso começou a acelerar-se. Alguma coisa estava acontecendo que eu não conseguia explicar. O fato de minha experiência no jato ter sido de natureza subjetiva tornava-a mais difícil de aceitar. Encontrar Maria em Medjugorje foi completamente diferente, pois foi uma experiência física e direta. O fato de Shrinat Devi ter tentado ligar-me, talvez no mesmo momento em que eu estava tendo minha experiência, oferecia possível suporte para a credibilidade da mesma.

— Jimmy, estou muito contente por você ter ligado — disse ela logo que atendeu. — Onde está você neste momento?

— Acabei de sair de um avião em São Francisco — respondi. — Antes que você diga qualquer coisa, preciso saber por que me ligou. O que está acontecendo?

— Há uma hora atrás eu estava meditando e senti a presença da Mãe Abençoada — disse ela, enquanto sua voz ficava de repente cheia de respeito. — Ela me disse para chamar você e lhe fazer uma pergunta. Ela quer saber se você está ouvindo o chamado dEla. Existe algo que Ela lhe disse e quer saber se você ouviu.

Fiquei atônito e não consegui falar por alguns momentos. Minha experiência com Maria e o Professor tinha começado aproximadamente há uma hora. Era quase como se Maria tivesse terminado a experiência, ido ao telefone e chamado Shrinat Devi para assegurar-se de que eu estava ouvindo. Era a prova que eu estava buscando.

— Sim, estou ouvindo — disse eu. — O que mais Ela disse?

— Só que Ela o ama muito. Não sei o que Ela lhe disse, mas, pela sensação que tive, deve ter sido muito importante.

Tomei o ônibus Santa Rosa para a estação de São Rafael, onde minha amiga Bea estava me aguardando. A viagem inteira foi uma confusão de espanto e de gratidão. Maria estava mantendo sua promessa, pensei. Quando eu senti que tudo estava terminando, houve um salto para um novo nível de excitação.

Bea e eu fomos a um restaurante tailandês no centro de São Rafael e nos sentamos para comer. Tentei contar a ela a respeito dos últimos dias, desde que eu fora à conferência na Flórida e conhecera Jacqueline, mas a minha mente estava ainda muito perturbada para pensar direito. Além do mais, como eu poderia explicar o que acontecera? Não havia maneira de relatar a experiência que tive durante o vôo e o resto era ainda uma série vaga de acontecimentos fantásticos.

Quando estávamos no meio da refeição o celular começou a tocar.

— Alô, Jimmy, aqui é Maria Cristina, da Argentina.

Existem três mulheres na minha vida que fazem a minha 'Conexão com Maria'. A primeira é Shrinat Devi, que me falara para voltar a Medjugorje porque Maria tinha uma mensagem para mim. A segunda é uma amiga chamada Danielle. E, finalmente, a terceira, Maria Cristina Urhart, de Buenos Aires, Argentina, quem, mais do que qualquer outra mulher que eu tenha conhecido, tem aquilo que chamo a 'energia de Maria'. Sempre que estou com ela sinto como se estivesse de volta à colina em Medjugorje, sentado mais uma vez com sua xará. Eu não falava com Maria Cristina já há vários meses, por isso seu chamado repentino me espantou.

— Mais ou menos há duas horas eu estava meditando e senti a presença da Mãe Abençoada — disse ela. — Ela me pediu para lhe perguntar se você tinha ouvido a mensagem dEla.

Eu já estava mais do que espantado e o chamado de Maria Cristina quase me deixou fora de mim. Era necessário apenas mais uma ligação, pensei comigo mesmo. Estas coisas acontecem em três – é assim que você sabe que está diante de um milagre, pelo menos é assim que sempre acreditei. Shrinat Devi e Maria Cristina tinham a mesma mensagem e eu sabia que havia ainda mais uma. Uma hora depois, no carro com Bea, o telefone tocou novamente.

— Jimmy, como vai? É Danielle.

— Não diga nada — disse eu. — Você tem uma mensagem para mim de Nossa Senhora.

— Como é que você sabe disto?

— É uma história muito longa mas espantosa — respondi. — No entanto, não quero interromper você. Conte-me o que aconteceu.

— Algumas horas atrás eu estava rezando e senti a presença de Maria. Eu até podia ouvi-La, como estou ouvindo você. Disse a mesma coisa três vezes e, na terceira, percebi que Ela queria que eu escrevesse o que me dizia. Eu fiz isto. Quero ler agora porque é uma mensagem para você.

Pedi a Bea para dirigir o carro para que eu pudesse dar a Danielle plena atenção.

— Estou pronto — disse então a ela.

— Eis o que Maria pediu-me para lhe dizer:

*Abra seu coração, meu querido, e ouça o som da Minha voz que ecoa no fundo do seu coração. Sou sua Mãe e estou aqui para levá-lo à Luz. Estenda sua mão para os outros, para aqueles que têm buscado o mesmo prêmio e que andam juntos nos braços do divino. Este é o tempo pelo qual você tem esperado, o tempo do grande despertar. Você tem estado coMigo desde o início e está coMigo também agora. Deixe ressurgir a Minha Comunidade, cumprindo a promessa e a missão que você tem desde o início do tempo. Está Me ouvindo, meu querido? Abra-se ao som da Minha voz e Eu o levarei para casa.*

*Sua Mãe*

Danielle fez uma pausa e disse mansamente: — É isto, a mensagem inteira.

— O que acha que isto quer dizer? — perguntei a ela, tentando esconder o quanto a mensagem significava para mim.

— Sinto que alguma coisa está prestes a acontecer, algo de importância global. E que nós fazemos todos parte disto. Ela disse que é o tempo do grande despertar. Isso pode ser confuso, a não ser que você entenda quem Ela realmente é. Maria é a incorporação da compaixão de Deus. Portanto, uma era de compaixão está chegando. Maria é a portadora desta mensagem porque a compaixão é normalmente vista como uma qualidade feminina, em oposição às qualidades masculinas de força e de redenção que são ligadas a Jesus.

— Você está dizendo que estamos entrando em uma nova era? — perguntei.

— Não gosto destas palavras, Nova Era, porque já estão marcadas. Não significam realmente mais nada. Quinze anos atrás essas palavras descreviam um movimento na direção das tradições esotéricas de todas as religiões. Portanto, não há nada novo em relação a elas. As pessoas das religiões tradicionais ficaram com muito medo porque acharam que essa Nova Era estava levando as pessoas à confusão. De uma certa maneira, estavam certas. A essência das tradições espirituais à qual as pessoas estavam ligadas começou a ir por água abaixo e tudo o que restou foram versões açucaradas da sabedoria original.

— No entanto, para responder sua pergunta, sim, estamos entrando em uma nova era. Não se trata agora de cristais e de canalização. A era que Maria está proclamando trata da canalização da Luz de Deus. Cada um de nós é convocado para ser um canal da paz e esta é a essência da sua mensagem. Não é uma coisa estranha que desliga as pessoas, mas o foco real de todo caminho espiritual.

Agradeci a Danielle pelas suas palavras de sabedoria e desliguei.

Havia uma outra coisa que precisava acontecer antes que a mensagem de Maria para mim se completasse. Ela tinha me dito que em três dias eu estaria em um estúdio e que gravaria a música para acompanhar o quadro. Visto eu não ter planejado gravar nada enquanto estivesse em São Francisco, eu me questionava como isto iria acontecer. Então lembrei-me de um amigo que era gerente de um estúdio de gravação localizado em uma igreja no Presídio, uma antiga base militar que agora abrigava centenas de organizações sem fins lucrativos. Um ano antes, Colin e eu tínhamos trabalhado em um projeto juntos e a idéia parecia encaixar perfeitamente. Arranjei com ele um concerto repentino na igreja para ser gravado da forma como Maria havia instruído.

Vários amigos foram convidados para assistir a este evento muito especial. O que iria acontecer? Maria disse que entraria na música, realmente registraria a si mesma nas ondas sonoras. As possibilidades de um milagre assim me deixaram aturdido. Ela falou da necessidade das pessoas terem experiência direta com o divino e que alguma coisa seria ativada dentro delas quando olhassem para o quadro e ouvissem a música ao mesmo tempo. Não havia como entender o que isto significava, mas também não havia motivo para duvidar. Eu estava num ponto além da dúvida, considerando tudo o que já tinha acontecido. A atmosfera estava carregada de uma sensação de confiança e eu estava pronto para fazer a minha parte neste drama incomum.

Os microfones foram colocados nos seus lugares e a audiência estava pronta. Peguei a pequena fotografia do quadro que Jacqueline havia me dado e coloquei-a na grade de metal do grande microfone do estúdio. Logo que Colin passou-me a palavra, respirei profundamente e comecei a tocar. Cantei a Ave Maria, uma versão que eu havia escrito um ano antes e, em seguida, outras canções que havia escrito vários dias antes. A energia parecia estar se formando e eu me perguntei como Maria poderia manter sua promessa de entrar na música e registrar sua energia nas ondas sonoras.

Pensei haver cantado a última canção. As cordas da guitarra ainda estavam vibrando e o som da minha voz ecoava no fundo da igreja. Foi então que A senti, da mesma maneira como A tinha sentido na colina de Medjugorje e no vôo para São Francisco. Eu sabia que Ela estava ali, mas não sabia dizer como nem onde.

Olhei para o retrato preso entre os cabos do microfone. Estava diferente, como se estivesse se movendo diante dos meus olhos. Senti um pouco de tontura e minha visão começou a ficar borrada por um instante, a mesma sensação que Jacqueline teve quando tentou pintar os olhos de Nossa Senhora. O tempo pareceu parar e fechei meus olhos, questionando o que iria acontecer. Quando os abri novamente olhei para o retrato. O rosto que se via estava diferente. Um momento antes estava para baixo e para a direita. Agora estava olhando diretamente para mim, os olhos vívidos e reais. Piscaram e, de alguma maneira, não fiquei surpreso, quase como se esperasse que isso acontecesse. Por um longo momento olhamos um para o outro. Foi quando o retrato pareceu falar.

Não fiquei bem certo se tinha ouvido com os ouvidos

ou com a mente. Pareciam ser a mesma coisa naquele momento. Entretanto, nunca esquecerei o que Ela disse, palavras que vieram de uma imagem em um retrato não maior do que um cartão de visitas. Senti-me como se tivesse novamente doze anos de idade, quando ouvi Sua voz pela primeira vez. A voz me preencheu, como da primeira vez.

— Cante o que lhe digo — murmurou Ela. — Eu lhe direi as palavras e você me dará a música. — Sem pensar, comecei a cantar as palavras que ouvi:

*A luz está em você, abra o Portal, sinta-Me entrar.*

*Seu coração Me pertence, Eu o conclamo, divino ser,*

*Saiba que sou Eu que agora entro em você.*

*Por ser sua Mãe, Eu lhe darei tudo o que precisar*

*para espalhar a luz da divindade ao seu redor.*

As palavras e a música continuaram a vir, não sei bem por quanto tempo. Eu havia entrado em um transe profundo e a música fluía sem esforço ou pensamento. Meus olhos estavam fixos no retrato de Maria, a bela imagem que Jacqueline tinha pintado, e o mundo inteiro parecia imobilizado.

Então tudo terminou, tão repentinamente quanto havia começado. O retrato voltou à sua posição original e tudo pareceu outra vez normal. Havia uma estranha energia pulsando através de meu corpo e pulei da cadeira e comecei a andar de lá para cá. Meus amigos me olhavam e se perguntavam o que havia acontecido. Eles sentiam alguma coisa, mas não sabiam o que era. Eu lhes contei a respeito da minha experiência, da forma como Ela assumiu vida e falou comigo. Tinha entrado na música e todos sabíamos disso. Naquele momento tudo fez sentido, o quadro, a música, a energia. O que aconteceria depois, perguntei-me? Nunca tinha sido decisão minha.

Fechei os olhos e A vi com os olhos da mente. — Obrigado, minha Querida — eu lhe disse. — Obrigado por não ter se esquecido de mim.

# Parte Quatro

O mundo ao nosso redor está mudando. Isto é óbvio no nível físico, onde vemos o crescimento exponencial de tecnologia e as mudanças nas populações e nos sistemas políticos. E, se nos concentrarmos nos níveis mais sutis de sensações e emoções, também ali vemos mudanças. Maria nos ajuda a abrir-nos para o amor e a compaixão, mas depende de nós dar o próximo passo, abrir o Portal para a experiência direta com o amor de Deus. Ainda que ajudados por todas as forças do céu, isto é ainda nossa responsabilidade, como ficou nitidamente claro quando fui com uma companheira aos campos de refugiados da Macedônia.

— Detesto ter que lhe dizer isto, mas você não vai conseguir entrar em nenhum campo de refugiados de Kosovo — disse o homem.

O ônibus em que Gillian e eu estávamos tinha acabado de cruzar a fronteira entre a Macedônia e a Bulgária e, mais ou menos ao mesmo tempo, percebemos que estávamos sentados perto de um jornalista americano que também estava indo para Skopje. Sua fala era lenta e deliberada e ele parecia irritado com a idéia de que nós estivéssemos indo para os campos realizar um concerto pela paz e para focalizar uma vigília de oração de alcance mundial.

— Por que acha que é impossível? — Gillian perguntou a ele.

— Tenho entrado e saído dos campos desde que o conflito começou — disse ele inclinando-se em nossa direção, assegurando-se de que não perdêssemos uma única palavra. — Há postos de polícia por todo o caminho. A única maneira de atravessá-los é ter credenciais de imprensa tanto do governo da Macedônia quanto da própria OTAN. Para conseguir essas credenciais você precisa ter um passe de imprensa emitido por um serviço de imprensa legítimo. Vocês não têm isto, querem apenas entrar e, até onde sei, atravessar o caminho das pessoas que realmente estão ajudando.

Eu podia sentir Gillian começar a ficar zangada com o homem, por isso inclinei-me entre eles e perguntei:

— Como podemos conseguir credenciais?

O olhar incrédulo em seu rosto se aprofundou.

— Você não está prestando atenção, não é? — disse ele. — Vocês não podem entrar lá... vocês não têm passe de imprensa. É o único jeito, a não ser que passem pelas fronteiras escondidos em um caminhão da Cruz Vermelha ou coisa assim. Vocês obviamente não fazem idéia de como as coisas são difíceis aqui. A OTAN tirou a maior parte dos refugiados dos campos abertos e colocou-os em tendas, mas existem centenas de milhares deles que ainda não têm nada. Estão morrendo de fome e sem abrigo. Vocês podem fazer a volta e ir embora porque não têm como ajudá-los.

Duas horas mais tarde o ônibus parou na estação de Skopje e nosso amigo jornalista nos desejou sorte quando entrou em um carro.

— Não acredito nesse homem — disse-me Gillian enquanto o olhava partindo. — Ele não tem idéia do que está falando.

— Ele pode saber do que está falando, mas não entende porque estamos aqui. Não me importo o quanto seja difícil, se for para entrarmos no acampamento, então entraremos. Por falar nisso, eu não lhe contei o sonho que tive ontem à noite, contei?

— Que sonho?

— Ontem à noite fiquei vendo uma mulher pequena em um hábito branco de freira passando por portas e corredores. Não disse uma palavra mas, num determinado ponto, quando me olhou bem direto nos olhos, percebi que era Madre Teresa. É por isso que estou vestindo esta camiseta.

Desabotoei e tirei a camisa, mostrando a camiseta que estava vestindo. Havia uma estampa de Madre Teresa no meu peito, com um sorriso radiante que iluminava os olhos mágicos. A pupila de um dos olhos tinha a forma de uma pomba, como se estivesse se refletindo em sua íris.

— Que beleza — disse Gillian. — Mas você acha que é uma boa idéia vesti-la aqui na Macedônia? Ela era albanesa, você bem sabe, e os albaneses não são muito populares por aqui, especialmente agora.

— Mas ela também nasceu aqui em Skopje — disse eu. — Isto faz a diferença. Tenho a sensação de que ela estava me dizendo alguma coisa em meu sonho ontem à noite, como se ela estivesse abrindo o caminho para nós. Além disso, como alguém pode dizer 'não' a nós com o olhar dela nos olhos dele?

— Bem, como sugere que comecemos? Estou inclinada a crer que o jornalista estava certo a respeito da OTAN. Provavelmente não vão querer nossa ajuda.

— E se quiserem? — repliquei. — Definitivamente, é o caminho mais direto. Se disserem 'não', então tentaremos outros meios.

Eram três horas da tarde, só três horas antes do início da vigília, pouco tempo para obter as credenciais necessárias e ainda descobrir o acampamento mais próximo. Encontrar o jornalista foi, de certo modo, uma bênção. Foi seu aviso que nos mostrou como nossas opções eram limitadas.

Também ele nos disse por onde começar – nos quartéis da OTAN localizados no Hotel Continental. Sem hesitação pegamos um taxi e fomos para lá.

Quando chegamos aos quartéis da OTAN, achamos o escritório certo e tocamos a campainha. Segundos depois um oficial francês saiu dos fundos e sentou-se à nossa frente.

— Posso ajudá-los? — perguntou ele secamente.

— Espero que sim — respondi. — Disseram-me que é aqui que precisamos tirar nossas credenciais para ir ao campo de refugiados mais próximo.

— Passe de imprensa, por favor— ele disse, como provavelmente tinha feito centenas de vezes antes.

— Bem, é aí que temos um problema — disse-lhe eu. — Não somos realmente da imprensa, embora eu seja escritor, se é que isso pode fazer diferença.

— Por que então querem ir ao acampamento? — Ele largou a caneta na mesa do escritório e nos deu sua total atenção. Isto foi algo bem incomum e ele parecia pronto a reagir.

— Estamos aqui representando milhões de pessoas do mundo todo que estarão rezando orações de paz para essas pessoas às 6 horas exatamente. Já fizemos isto no passado em lugares como o Iraque, a Irlanda do Norte e em Israel e sempre achamos importante ter alguém no ponto focado, alguém que possa ancorar as preces.

Eu me questionei se tinha falado demais. Poderia ter sido melhor ficar no tradicional 'Sou um autor que está escrevendo um livro'. Ao invés disso eu tinha enveredado pelo caminho do esoterismo e me sentia como se estivesse sobre areia movediça. O soldado ficou me olhando e pensei que tudo tinha ido por água abaixo.

— Muito bem, é para os dois? — perguntou ele ao

mesmo tempo que pegava outra vez sua caneta e começava a escrever em uma folha de papel.

— Sim — respondeu Gillian.

— Minha sugestão é que digam que são repórteres autônomos. Esperemos que o Ministério de Informações não queira ver o passe de imprensa de vocês, talvez pensem que eu já o tenha examinado.

— Precisamos ir lá em seguida? — perguntei.

— Sim. Qualquer motorista de taxi sabe onde é. A propósito, gosto do que estão fazendo, seja lá o que for. Não entendo bem, mas estou torcendo para que tudo funcione bem. Orações são muito bem-vindas.

Olhei para Gillian e sorri. O caminho direto tinha funcionado de maneira espantosa. Minutos mais tarde estávamos no taxi a caminho do Ministério de Informações. Tínhamos dado um passo adiante. Se passássemos pelo obstáculo seguinte, então conseguiríamos realizar o impossível. Teríamos acesso ao acampamento e estaríamos no lugar certo para concentrar o foco da vigília de orações.

O Ministério de Informações parecia um prédio de escritórios comum e fiquei surpreso que a longa fila de jornalistas que eu estava esperando ver não existisse no momento. Parecia que aquele seria o obstáculo final. Eu tinha ouvido que às vezes levava até dois dias para serem processados os pedidos da imprensa. Saímos do taxi e nos dirigimos para a entrada. Quando abrimos a porta do escritório, vimos um homem sentado atrás de uma mesa, muito ocupado trabalhando no seu computador.

— Olá, é aqui que se consegue credenciais da imprensa? — perguntei.

— Sim — respondeu ele sem levantar os olhos. — Por favor, sentem-se e aguardem um momento.

Sentamo-nos junto à parede e tentamos nos concentrar

no papel. Repórteres autônomos, fiquei repetindo mentalmente. É por isso que estamos aqui, nada muito estranho nem incomum, nada para ficar alarmado. Só nos dê os papéis de que precisamos e iremos fazer nossas reportagens. Não somos diferentes das centenas de outros jornalistas que já passaram por aqui.

— Dêem-me suas credenciais da OTAN — disse ele finalmente, interrompendo meus pensamentos. Gillian e eu entregamo-lhe os papéis e novamente nos sentamos. Ele nem nos olhou, continuou com os olhos na tela e estendeu a mão. Olhou para os papéis que lhe demos e pareceu estar copiando informações no computador. Nós o observávamos sem nos mexer. Se ele não pedisse nossos passes de imprensa, então conseguiríamos. Não faça nada fora do comum, pensei, nada que nenhum outro repórter não faria.

De repente, ele se levantou da mesa e começou nervosamente a pegar selos, pastas e outras coisas que eu não estava vendo. Num determinado momento olhou para nós por um segundo ou dois e depois se virou. Eu me perguntei o que estaria ele pensando. Será que estaria acreditando? Dei uma rápida olhada para Gillian para lhe passar confiança. Estávamos quase conseguindo, disse a ela em silêncio. Encostei-me na cadeira e cruzei as pernas, sem qualquer motivo de preocupação.

O homem pegou duas folhas de papel e sentou-se outra vez.

— Pronto — disse ele, então voltou à sua digitação. Levantamo-nos e pegamos os papéis da sua mão.

— Obrigado — dissemos a ele e, em seguida, saímos do aposento. Quando já estávamos lá fora, abraçamo-nos triunfantes.

— Parece que estamos no nosso caminho — disse Gillian, — temos duas horas antes que comece a vigília.

Quando estávamos na porta da frente, pararam três

taxis e mais ou menos uma dúzia de jornalistas saiu deles. Estavam em busca das credenciais que tínhamos acabado de obter e, felizmente, havíamos chegado lá antes deles. Se tivéssemos chegado depois, nunca conseguiríamos chegar a tempo no acampamento.

Gillian e eu pegamos um dos taxis e perguntamos ao motorista onde era o campo de refugiados mais próximo. Ninguém nunca faz uma pergunta como essa, é fora do reino das possibilidades normais. Entretanto, naquele lugar, naquelas circunstâncias, era a única pergunta a ser feita. Tinham-me dito que a OTAN gastou muito tempo e energia instalando diversos acampamentos nos arredores de Skopje, como solução para o problema mais imediato, que era providenciar as necessidades mais básicas para os refugiados. O motorista entendeu imediatamente e logo estávamos saindo para Brazde, um dos dois acampamentos fora dos limites da cidade.

Pudemos ver o acampamento desde mais de um quilômetro de distância, a cerca imensa que circundava o local, parecido com uma prisão, onde estavam aproximadamente trinta e cinco mil pessoas. Passamos por vários comandos da polícia sem incidente e quando saímos para a estrada poeirenta que levava ao acampamento senti meu estômago se comprimir lentamente. Eu podia ver centenas de pessoas grudadas na cerca, olhando-nos – faces desesperadas com olhos vazios e pouca esperança. Olhavam para a paisagem além da cerca como se fosse o único mundo que realmente existisse e que estava bem ali perto, mas além do alcance deles. Podiam tocar o ar com os dedos e respirar aquela poeira que vinha das rodas dos taxis e dos veículos da OTAN que por ali passavam, mas isso era tudo. Era o máximo de liberdade que tinham.

Saímos do taxi e coloquei a guitarra nas costas. Como é que iria parecer, passando pelo portão somente com uma guitarra e, é claro, com um grande saco de barras de chocolate que eu tinha comprado em uma mercearia perto de

Findhorn? Comecei a sentir-me consciente do nosso plano. Será que teriam qualquer interesse na vigília de orações ou nas canções pela paz que eu ia cantar? A maior parte daquelas pessoas estava tão concentrada na própria sobrevivência que parecia um tanto óbvio aproximar-me delas dessa forma. Senti-me embaraçado por um momento e me questionei se devia abandonar o plano de cantar enquanto milhões de pessoas ao redor do mundo estavam rezando.

— Confie em mim — ouvi uma voz dizendo-me. — Eu não o trouxe aqui tão longe para nada. Estou aqui e tudo está bem.

Era Maria que parecia estar me falando de dentro de mim, como se tivesse penetrado em minha alma. De repente senti sua presença, sua influência e respirei profundamente. Isto me aliviou de uma maneira impossível de se descrever. Só saber que Ela estava comigo, saber que, de alguma forma, Ela estava presente em toda esta loucura, encheu-me de força e renovou minha energia.

— O que quer que eu faça? — falei em voz alta.

— Faça o que veio fazer. Como eu já disse, deixe-se ser meu instrumento e farei o trabalho através de você.

— O que foi que você disse? — era Gillian falando.

Obviamente eu tinha falado um pouco mais alto do que pensava. Não sabia se devia dizer alguma coisa a ela, não que ela não fosse entender, mas a situação em que estávamos já era tão incrível! Escolher aquele momento para contar a ela que Maria estava lá apenas iria complicar as coisas.

— Nada, não — respondi. — Estava apenas falando comigo mesmo.

Fomos até o portão e mostramos nossas credenciais aos soldados macedônios que lá estavam. Eles as examinaram cuidadosamente e então deixaram-nos passar. Levei alguns instantes para perceber o que realmente tínhamos acabado de fazer. Todo mundo tinha dito que era impossível, que nunca seríamos capazes de chegar até ali. No entanto, lá estávamos nós, dentro da cerca que separava os refugiados do mundo. Não poderia sentir-me mais aliviado e toquei o retrato de Madre Teresa na minha camiseta.

Obrigado por nos abrir o caminho, disse a ela. Sei que provavelmente a senhora está por aqui, fazendo o que pode para nos ajudar.

Logo que entramos no acampamento, as pessoas começaram a vir em nossa direção de todos os cantos para fazer uma única pergunta: "Têm um telefone?" Suas necessidades físicas tinham sido satisfeitas, ainda que sumariamente, e estavam afastados do perigoso exército da Sérvia. Agora, tudo o que queriam era uma ligação telefônica, para fazer com que seus parentes soubessem que ainda estavam vivos. Sentimo-nos impotentes, incapazes de dar-lhes aquilo que precisavam. Eu sabia que precisava ter confiança, concentrar-me no verdadeiro motivo da nossa estada ali. Ela iria nos ajudar, eu estava certo disso. Vamos em frente, disse a mim mesmo.

Dispúnhamos de certo tempo para dar uma volta pelo acampamento antes de começar a vigília. Decidimos usar as barras de chocolate como meio de troca, uma maneira de falar com as pessoas e falar-lhes a respeito da vigília de orações. Nosso objetivo era reunir o máximo de refugiados possível. Eu então cantaria a 'Oração de São Francisco' e, ao mesmo tempo, milhões de pessoas estariam mandando sua luz. Escolhemos um lugar que consideramos apropriado e então olhei para o céu. Não se consegue ver orações concentradas de uma determinada maneira, pelo menos não com os olhos. Eu sabia disso, embora também soubesse que estavam a caminho. Comecei a preparar minha mente para aquele momento.

Era algo semelhante à roda dos Emissários, pensei comigo mesmo, só que eu era o centro desta vez. Era meu papel focar as orações que viessem a nós de todo o planeta. Eu tive a mesma sensação que senti no Iraque, na Irlanda do Norte, em Israel e durante o Grande Experimento, em todas as vezes em que uma das vigílias ocorreu. Eu já estava acostumado, era uma sensação incrível, como se estivesse de pé debaixo de uma cachoeira. Sentiria a energia caindo e me rodeando como ondas de luz, então focalizaria essa luz, como uma criança segurando uma lente para concentrar os raios do sol em um pequeno raio laser. Aí é que aconteceria a mágica e eu sabia disso. Certamente isso nada tinha a ver comigo, pelo menos não com o meu ego. Eu tinha que afastar a minha própria motivação, como se eu fosse apenas um instrumento nas mãos de Deus. Neste caso, era Maria quem cuidava de mim e eu podia sentir seu toque como naquela colina em Medjugorje.

Dei a Gillian metade das barras de chocolate e decidimos ir em direções diferentes. Desta maneira seríamos capazes de falar com mais pessoas, fazê-las saber o que estava prestes a acontecer. Encontrar-nos-íamos no ponto escolhido vinte minutos antes do início da vigília. Esperávamos que então centenas ou mesmo milhares de pessoas estivessem a postos. Então começaríamos.

Parei e olhei ao redor para escolher a direção a tomar. Havia milhares de tendas alinhadas em dezenas de fileiras e, na frente de várias tendas grandes, centenas de pessoas estavam em fila aguardando alguma coisa que não pude determinar de imediato. Encaminhei-me para uma das filas e descobri um homem que falava Inglês.

— Esta linha é para a Alemanha — explicou ele. — Cada linha que você está vendo é para encaminhar-nos para um país diferente; entramos na linha do país para onde queremos ir.

— Então você quer ir para a Alemanha até que a guerra termine. O que acontece então? Você vai querer voltar para seu país?

— Claro que sim, mas não sabemos quanto tempo isso vai demorar. Pode demorar muito. Estamos muito contentes que a OTAN tenha vindo nos ajudar, mas não podemos ficar aqui nestas tendas. Precisamos partir e voltar quando houver segurança.

Andei pelo acampamento, aturdido com as visões e os sons que vinham a mim. Para qualquer lugar que eu olhasse, podia ver pequenas bolas vermelhas voando e adultos, crianças e até mesmo soldados chutando-as em dezenas de campos de futebol improvisados. Então vi velhos sentados na frente de suas tendas sem se mover, como se fossem estátuas. Olhei para uma dessas mulheres e tive a sensação de que ela não estava lá. Vi lágrimas e ouvi risadas, pessoas que pareciam partidas em duas e outras que ainda estavam inteiras. Era uma experiência de tantas dimensões que não consegui realmente realçar nada nem ninguém. Não era nada como eu tinha esperado.

Quando andei pela alameda poeirenta que separava duas longas fileiras de tendas senti uma estranha sensação, que eu estava aprendendo a reconhecer prontamente. Era Ela, Maria, e eu podia sentir Sua presença em algum lugar próximo. Minha mente ficou repentinamente sobrecarregada, embora eu não estivesse bem certo se meus instintos estavam corretos. A idéia em si era muito satisfatória e aliviava uma parte de mim que estava sofrendo por essas pessoas. Mas, e se Ela estivesse realmente por ali, pensei comigo mesmo. Talvez Ela fosse a razão pela qual tivéssemos ultrapassado todo e qualquer obstáculo e chegado ao acampamento tão facilmente. Talvez eu estivesse prestes a vê-La novamente, a Bem-Amada que fazia cantar meu coração.

Comecei a andar cada vez mais depressa, como se minhas pernas me conduzissem por si mesmas diretamente para onde Ela estava. Meus olhos se viravam para todos os lados, procurando um sinal, qualquer imagem, por pálida que fosse, que pudesse levar-me até Ela. Uma ou duas vezes pensei tê-La visto e corri para olhar de mais perto. No entanto, todas as vezes era apenas mais uma jovem loura de Kosovo e eu continuava procurando.

— Maria, se estiver aqui, por favor, mostre-se a mim. Preciso de você. Sempre precisei. Mostre-me o que fazer neste triste lugar. Mostre-me como realmente ser útil. Use-me para tocar estas pessoas e dar a elas algum conforto. Posso sentir como se você estivesse ao meu lado. Se estiver, se realmente estiver aqui, deixe-me saber, de algum modo.

Logo em seguida, olhei na direção de uma das tendas e vi uma velha rastejando com mãos e joelhos. Nossos olhos se uniram quando ela se sentou, posicionando-se perto de um bebê que dormia sobre uma pilha de lençóis. Ela sorriu e fez um movimento para me chamar para perto dela. Hesitantemente, caminhei em sua direção e parei a alguns passos ao seu lado.

— Está me procurando? — ela perguntou em inglês.

— Acho que não — respondi. — Estou apenas passando...

— Está me procurando? — ela perguntou de novo.

Havia um brilho familiar em seus olhos e quando olhei além da máscara senti uma profundidade irresistível. Era Ela. Não era certamente uma velha. Era Maria, a Bem-Amada.

— Sim, estou procurando por você. Mas como pode ser...?

— Lembre-se do que eu lhe disse — replicou Ela. — Quando você me viu pela primeira vez em Belgrado, como foi que eu apareci?

— Como estudante?

— Como uma estudante comum e você não me reconheceu. Então, na colina de Medjugorje, expliquei a essência de todo o meu ensinamento. Lembra-se do que era?

— Sim. Você me disse para descobrir o divino em todas as pessoas, nas pessoas comuns.

— Isso mesmo — concordou ela com um sorriso desdentado. — Olhe além da aparência e veja meu rosto em todo o mundo, em todas as ocasiões.

De repente, os olhos da mulher mudaram e ela me olhou com estranheza. Ela começou a falar comigo, mas não em inglês. Maria tinha partido e a velha retornado. Dei-lhe uma barra de chocolate e levantei-me para partir.

— Onde você vai? — disse um homem de meia idade quando passei por ele.

— Caminhe comigo um momento.

Olhei em seus olhos e fiquei abismado. Eram os olhos dela, os mesmos globos oculares brilhando com a luz que eu tinha visto tantas vezes antes. Ela estava realmente passando de uma pessoa para outra e, assim fazendo, estava me ensinando a lição mais essencial de todas.

— Só existe um real presente que você pode dar a eles — disse o homem. — A comida que você trouxe só lhes alimentará os corpos, mas, se você está querendo ir mais fundo, além das máscaras e dos egos, então perceberá a verdade dentro deles. Só então você será verdadeiramente útil, pois é o que eles mais querem. Olhe para este corpo que está diante de você agora. Está cansado e em farrapos, exausto por causa dos dias e semanas de tentativa de permanecer vivo. Você pode dar a ele uma de suas barras de chocolate se quiser, mas isto não resolverá o problema verdadeiro. No entanto, se olhar para a verdade dentro dele, a essência onde estou agora, então uma centelha que tem o poder de transformar sua vida surgirá. Você pode fazer isto simplesmente olhando além de todas as maneiras pelas quais ele lhe pareça diferente e separado de você. Focalize-se nas maneiras onde vocês são iguais e essa semelhança levará você até a alma onde toda realidade é uma só.

Mais uma vez o olhar se foi e o homem me olhou com estranheza, como se tivesse acabado de acordar de um sonho. Sorri para ele, então me afastei, perguntando-me para onde teria Ela ido.

— Estou aqui — ouvi uma voz dizer. Vi uma garotinha sentada sozinha perto de uma tenda, sorrindo para mim. Dirigi-me para Ela e sentei-me a seu lado.

— Maria, é você?

— Sou quem você quiser que eu seja — respondeu Ela. — Mesmo sua definição de Maria é uma limitação. Você precisa libertar-se disso e abraçar a realidade sem forma que está além de qualquer aparência. Você pensa que Maria é diferente de Jimmy ou desta garotinha. Não existe Maria, nem Jimmy, somente o divino. Só existe a Luz. O mundo é um jogo, mas você não pode apreciar o jogo até que o entenda. Mesmo aqui, neste lugar desesperador, você é desafiado a olhar além de tudo e ver a verdade. Você quer realmente ser um Emissário da Luz? — continuou ela. — Bem, isso pode acontecer da seguinte maneira: deixe de lado qualquer idéia de quem pensa que eu sou, quem você pensa que Deus é e quem você pensa que é. Deixe tudo de lado e veja o mundo através dos olhos de Deus, os olhos que tudo vêem como se fossem um só, envolvidos em santidade e graça. Então entenderá o que realmente significa ser um Emissário. Então você assumirá seu próprio papel como um Mestre de Deus.

— Maria, entendo o que está dizendo, mas ainda estou muito longe disso. Ainda preciso de sua ajuda para fazer essas coisas.

— Você não precisa da minha ajuda — disse uma jovem que passava ao meu lado. Desviei os olhos da criança e olhei para a jovem. — Olhe em meus olhos — continuou Ela. — O que está vendo?

— Estou vendo dois olhos castanhos...

— Olhe mais lá dentro, veja a verdade além do físico. Olhe o rosto por trás da face, a Luz além de todas as luzes.

Senti meu olhar se suavizar e minha concentração se aprofundar. Os olhos dela pareciam brilhar e, só por um instante, eu não estava mais lá perto da tenda, ou diante de uma jovem. Podia ver o Portal da Eternidade. Era o mesmo Portal que o Professor tinha me mostrado da última vez que eu o tinha visto, o Portal que conduz ao mundo real. Eu tivera medo dele daquela vez, mas agora ele estava me chamando, puxando-me com tal força que eu não conseguia resistir. A Luz parecia envolver-me e tive a mais fantástica sensação de liberdade e de alegria. Nunca poderei descrever como era, mas naquele momento tudo fez sentido e eu entendi tudo.

— Você está sentindo o Céu — Ela me disse. — Você não precisa morrer para sentir a verdade pulsar através de suas veias. Precisa apenas libertar-se do medo e, então, entrar no Portal da Eternidade através da pessoa que estiver bem à sua frente. Estou sempre lá, Deus está sempre lá. Você precisa apenas querer olhar e então verá o único rosto que existe para se ver – a face do divino.

— É tão simples, mas tão real — fui capaz de dizer. — Como não percebi isto antes?

— Foi porque você tinha medo de olhar. Nunca mais tenha medo, Jimmy. Tudo está prestes a mudar e você precisa estar pronto para tais mudanças. De que outra maneira você completará sua missão?

— Qual é minha missão? — perguntei a ela.

— Você verá — ela respondeu. — Não terminou ainda, na verdade apenas começou. Nunca poderei abandonar você; você só precisa olhar nos olhos dos outros e me verá de novo. Siga em frente e diga a todos para irem na direção da Luz. A humanidade fica no próprio limiar da realidade. Este é o tempo que você esteve esperando. Este é o momento em que você despertará para a verdade. Agradeça a Deus por esta oportunidade, pois você viajou uma grande distância para estar aqui.

A face da jovem de repente mudou e eu soube que Maria havia partido. Entretanto, era ela realmente? Sorri e ela me retribuiu. Foi um sorriso verdadeiro, não um sorriso forjado ou condescendente. Enfiei a mão no bolso, tirei de lá uma barra de chocolate e dei-a para ela.

Encontrei Gillian uma hora depois. Tínhamos falado ao maior número de pessoas que pudemos a respeito da vigília de orações e esperávamos que começassem a chegar logo. O momento estava chegando, a sensação de que Maria ainda estava presente, o fato de que milhões de pessoas ao redor do mundo logo estariam rezando conosco... tudo parecia estar se encaminhando para um resultado que nenhum de nós conseguia discernir. A paz é parecida com isto, percebi. Eu tinha pensado que sabia uma coisa ou duas a respeito da paz, o que era e como era conseguida. No entanto, desde o momento em que encontrei pela primeira vez os Emissários até aquele momento em que eu estava lá no campo de refugiados, percebi que não sabia nada absolutamente, que devia deixar de lado o que pensava que tinha aprendido. Lá estávamos nós, a milhares de quilômetros de casa, com milhares de pessoas que não entendiam o que havia acontecido a eles. Éramos muito parecidos, embora nossas circunstâncias fossem dramaticamente diferentes. A oração que iríamos compartilhar seria para todos nós e o mundo inteiro se beneficiaria com ela.

Olhei para as montanhas que separam Kosovo da Macedônia e vi os primeiros raios saindo das nuvens escuras e ameaçadoras. Pareciam estar se movendo em nossa direção e percebi que muitos dos refugiados estavam voltando para suas tendas. Em poucos minutos a chuva começou a cair e as longas linhas de pessoas que tinham ficado ao ar livre procuravam abrigo debaixo das enormes tendas brancas. O chão transformou-se em lama e o céu se abriu de repente, inundando as ruas e os caminhos estreitos. Um soldado italiano chamou-nos para ir com ele a uma tenda de hospital próxima, onde poderíamos ficar secos. Gillian e eu nos questionamos o que faríamos. A vigília começaria em dez minutos e a chance da chuva parar até lá era quase impossível.

Permanecemos no hospital improvisado esperando a chuva passar. Como podíamos ter vindo de tão longe e não conseguir atingir nosso objetivo? Tínhamos chegado até Skopje, quando tudo indicava que era impossível, e conseguimos entrar no acampamento. Milhões de pessoas do mundo todo parariam o que estivessem fazendo para rezar, pensando que eu estava com os refugiados. Eu estava com eles e, ao mesmo tempo, não estava. Dezenas de milhares deles estavam juntos nas tendas tentando permanecer secos e eu era igual a eles, cercado por soldados italianos.

Um jornalista russo estava junto a nós, outra vítima da súbita tempestade. Ele me perguntou com quem eu estava ou qual agência de notícias eu representava. Tentei explicar o que estávamos fazendo, porque estávamos ali, mas, naquele momento, tudo soava louco, até mesmo para mim. Ele não conseguiu entender porque quisemos viajar até tão longe para rezar.

— Por que não ficaram lá onde estavam? — perguntou. — Parece-me estranho que você esteja aqui, agora, nesta situação.

Eu estava quase concordando com ele quando um oficial italiano dirigiu-se a mim.

— Você está dizendo que está aqui para rezar, não é?

— Eu contei a ele porque tínhamos vindo à Macedônia e a respeito de nossa experiência prévia com vigílias de orações em massa. Ele ouviu atentamente, como estivesse sinceramente interessado. Então afastou-se de nós e conversou baixinho com outro oficial.

— Temos uma idéia — disse ele quando voltou, um momento mais tarde. — Por que não rezam conosco? Podemos arranjar para que muitos soldados venham para cá e nos juntaremos a todas as pessoas que estão rezando ao mesmo tempo no mundo inteiro. Podemos arranjar uma área lá no canto e você pode cantar suas canções pela paz também. O que acha?

Era uma brilhante idéia, que eu não tinha considerado. Cada vez mais eu estava aprendendo a mais valiosa das lições – a entrega. Não sabia o que iria acontecer, isto era óbvio. Somente podia dar um passo atrás e deixar que tudo acontecesse por si só. Toda vez que dei um passo atrás e deixei de lado minhas próprias idéias, um milagre aconteceu. Aquele momento, na tenda de hospital com os soldados italianos, não foi exceção.

Momentos depois a tenda estava cheia de soldados de pé, lado a lado. A chuva atingia o teto inclinado da tenda e o trovão dava uma cobertura dramática. Alguns dos soldados tiraram os chapéus em sinal de respeito. Outros falavam baixinho para não se intrometerem naquele momento sacrossanto. Olhei para o relógio – um minuto para começar. A energia estava aumentando e eu olhei para Gilian.

— Está pronta? — perguntei a ela. Ela concordou com a cabeça.

— Bongiorno — disse eu a todos. — Grazie. Obrigado por usar um pouco de seu tempo para estar conosco. Dentro de um minuto, milhões de pessoas no mundo inteiro pararão o que estão fazendo para colocar o povo de Kosovo e da Sérvia em seus corações. Vocês todos estão aqui neste acampamento porque a comunidade internacional se recusa a deixar que esta tragédia aconteça e não vai permitir que a Sérvia tenha sucesso em seu plano. Entretanto, estamos evoluindo, creio eu, para um mundo onde não teremos mais que usar a violência para terminar com a violência. É por isso que estamos hoje aqui reunidos em oração, para assegurar a chegada desse dia. Ele chegará quando quisermos, quando percebermos que somente o amor pode afugentar o medo.

Peguei minha guitarra e comecei a tocar a 'Oração de São Francisco'. Até mesmo os soldados que não falavam inglês pareciam saber as palavras. Vários anos atrás eu tinha aprendido a oração em italiano, mas só conseguia lembrar-me de uma estrofe: 'O Signore, fa da me uno strumento della tua pace'. Repeti esta única estrofe várias vezes até que pegassem a melodia e se juntassem a mim. Enquanto cantavam eu podia sentir as orações de milhões de outras pessoas do mundo inteiro inundando a região toda. Elas estavam lá conosco, assim como todos os refugiados e os auxiliares que estavam agrupados nas tendas do conjunto. Maria também estava lá, eu estava certo disso. Podia sentir seus braços nos envolvendo com seu amor.

As orações caíam como chuva e estávamos encharcados pela santidade do momento. Então a chuva parou e os refugiados começaram a deixar suas tendas, enchendo as áreas comuns e os caminhos poeirentos. As bolas de futebol voltaram com eles e eles retornaram a seus jogos. Gillian e eu olhamos ao redor, sem acreditar.

Tínhamos conseguido, o que quer que fosse.

Ela está aqui, à nossa volta, observando-nos como Mãe. Este é o tempo escolhido para a liberação de Sua Divina Luz, a irradiação da 'Natureza Feminina e Compassiva de Deus'. No entanto, Ela não conseguirá atingir esse objetivo sem nossa ajuda. Somos os instrumentos através dos quais esta luz é revelada. Somos os veículos que trazem o Mundo Novo ao foco, um mundo regido pela realidade do amor, não pela sombra do medo. Vivemos nessa sombra por demasiado tempo. A Mãe vem até nós agora com as mãos estendidas, pronta para conduzir-nos para a Luz. Vamos segurar Sua mão ou continuar a nos esconder no canto de nossas mentes obscurecidas, com medo de olhar a face do amor?

Quando me lembro dos últimos anos fico espantado e muito contente por ver como minha vida foi abençoada. Fiz uma promessa a Maria quando era uma criança e, não importa o que eu tenha feito, não importa como eu tenha tentado extinguir a Luz dentro de mim, Ela não me deixou esquecer. Aguardou pacientemente lá no fundo, esperando o momento certo de revelar-se a mim novamente. Como poderia eu ter-me preparado para esta vinda gloriosa? Como poderia eu saber que Ela se revelaria a mim tão diretamente, de uma maneira completamente comum e, ainda assim, totalmente divina? Eu estava finalmente pronto, creio eu. E esta era Sua mensagem completa e a mensagem do Emissário antes dEla. Estamos todos prontos para este Mundo Novo, quer percebamos isto ou não. Foi isto que Ela veio nos revelar. Enquanto continuo a viajar pelo mundo cantando as orações de paz, percebo que Ela está certa.

Como é simples a salvação. São estas as palavras que continuamente ecoam em meus ouvidos. É hora de pararmos de tentar complicar aquilo que não precisa ser complicado. O Portal da Eternidade está sempre aberto: precisamos apenas olhar nos olhos de quem quer que esteja diante de nós. E quando A vemos nos olhos dessas pessoas, a Luz Radiante do divino, então somos carregados para o céu sem qualquer esforço. O céu não requer nenhum esforço, apenas um pouco de vontade. Temos apenas que pedir ajuda e confiar que a visão de um mundo curado nos será dada. Esse mundo está esperando ser revelado por nós, através de nosso próprio desejo e compromisso com a verdade. E qual é a verdade? É que você já está curado, já está pleno e, por conseguinte, iluminado. O trabalho de Maria é apenas lembrar-nos destes fatos.

Para onde iremos? Viajamos para a casa que nunca deixamos, para o reino do qual nunca usufruímos muito, a não ser em nossa imaginação. Isto também se manifestará no mundo em que vivemos. Como não haveria de ser? O mundo nada mais é do que a extensão de nossos pensamentos a respeito de nós mesmos, a respeito dos outros e a respeito de Deus. Quando mudarmos esses pensamentos, escolhendo perceber a santidade ao invés do ataque, o amor ao invés do medo, então o mundo também deverá mudar. É como as coisas funcionam. O mundo refletirá a graça que nos libertará. Este é certamente um tempo de glória para estar vivo – talvez o melhor de todos os tempos.

Várias semanas depois que o exército sérvio saiu de Kosovo e as tropas da OTAN entraram para garantir o cessar fogo, o Frei John me passou por fax uma cópia da carta que escreveu ao arcediago Radomir Radic, assistente do Patriarca Ortodoxo Sérvio, que ele tinha conhecido em uma viagem anterior a Belgrado. Meses antes, John tinha aparecido no escritório do arcediago e perguntado se podiam rezar para que a vitória espiritual prometida ao Czar Lazar finalmente se realizasse. O arcediago disse a seu secretário para segurar todos os telefonemas e, juntos, eles se ajoelharam no escritório e rezaram pelo menos durante meia hora.

*Meu querido irmão em Cristo*

*Faz quase um ano que o visitei em Belgrado. Depois de conversar por algum tempo sobre assuntos políticos e espirituais, discutir os valores cristãos que compartilhamos e nosso amor pela antiga Iugoslávia, você, bem no meio de um dia muito ocupado, disse ao seu secretário para segurar os telefonemas, trancar a porta e, então, nos ajoelhamos e rezamos pela cura do espírito de sua grande nação e para que a Sérvia pudesse cumprir seu verdadeiro destino espiritual.*

*Tenho pensado muito a respeito dessa visita e de nosso momento de oração juntos desde então, especialmente após os eventos dos últimos cinco meses e agora com os bombardeios da OTAN. Cerca de um milhão de pessoas em Kosovo foram expulsas de suas casas e de seu país. Por outro lado, os bombardeios agora atingiram tal ponto que, em acréscimo ao terrível dano infligido à infra-estrutura do seu país e aos muitos inocentes que foram mortos, o espírito da terra ficou tão ferido e ofendido que ela está pronta para levantar-se e manifestar sua ira. Realmente, algo terrível para seu país e para o mundo inteiro acontecerá se o bombardeio não for interrompido e a guerra não cessar. No entanto, ambos continuam.*

*Estamos muito próximos do ponto do qual não haverá nenhuma possibilidade de retorno. Sinto que está próxima uma Intervenção Divina. E não deverá ser uma intervenção de julgamento cheio de ira e acompanhada de total catástrofe; deverá ser uma intervenção de oração e que precisará vir de dentro da Sérvia. Realmente, é isto que me chegou em minhas orações – uma verdadeira resolução deste porte só pode vir de dentro do seu próprio país. É por isso que estou lhe escrevendo, meu querido irmão em Cristo. Sei que você é um homem do mesmo Deus que o meu, devoto da mesma Santa Mãe e servo do mesmo Cristo e de seus mandamentos. Somente uma intervenção espiritual pode resolver esta situação e ela deve vir da Igreja e dos fiéis da Sérvia. Minhas orações e as de milhões de outros estão com vocês, mas somente você pode agir.*

*Por isso eu lhe peço, em nome da Santa Mãe, para interceder junto ao Patriarca e pedir-lhe para que pressione Milosevic a submeter-se à autoridade da Madre Igreja, a arrepender-se e converter-se. Lembre-o de que o Czar Lazar, de honrosa memória, quando teve a oportunidade, dada pela Santa Mãe, de escolher entre a vitória material e o reino da terra ou a vitória espiritual e o reino do céu, escolheu a vitória espiritual e o reino do céu. E, para ligar esta vitória e seus frutos aos que viriam depois, sacrificou sua própria vida e a de muitos dos seus guerreiros. Milosevic, no entanto, fez a escolha oposta.*

*Ao escolher, no entanto, a vitória material e o reino da terra e tentar reverter a Batalha de Kosovo (acontecida no Campo dos Pássaros Pretos há mais de seiscentos anos atrás), expulsando os muçulmanos que viviam ali desde então, Milosevic foi diretamente contra o Czar Lazar, insultando sua memória e seu sacrifício e agora está trazendo sua destruição física.*

*Somente a Igreja e a autoridade espiritual da mesma podem salvar a integridade de seu país e, pela intervenção dela, chamar o povo de volta à fé e à sua prática. Agora muitas pessoas no seu país estão exaustas disso tudo, mas não têm jeito de se dirigir a Milosevic sem parecer estar apoiando a OTAN. Você, contudo, está em posição de criar uma alternativa à Sérvia que venha de dentro dela mesma, com sua autoridade espiritual verdadeira e correta.*

*Por favor, perdoe minha ousadia em me dirigir a você e ao Patriarca desta maneira, mas Deus me pediu que fizesse isto. Esta é a palavra e a visão que Deus me mandou para lhe entregar. Por favor, reze para ver que ela vem de Cristo e da Santa Mãe, então torne-a sua e apresente-a ao Patriarca. Estou totalmente ao seu serviço e ao de seu país, pois sei que seu destino espiritual está ameaçado e pende agora na balança, junto com o significado que isto tem para o mundo.*

*Com amor, bênçãos e respeito,*
*Seu, a serviço de Cristo,*

*Frei John*
*Comunidade do Amado Discípulo*

John chamou esta carta de sua flecha incendiária. Eu a arquivei, certo de que mais tarde seria importante.

Uma semana depois da retirada sérvia eu estava lendo o New York Times e vi um artigo incrível. O Patriarca tinha acabado de publicar uma declaração oficial pedindo a imediata renúncia do presidente Milosevic. Talvez a flecha incendiária de John tivesse atingido o alvo, pensei comigo mesmo. Enquanto lia o artigo, além de uma parte da declaração feita pelo Patriarca, pensei em meu amigo. Como seria que os apelos do Patriarca iriam servir ao despertar do Mundo Novo, do Divino Feminino e ao ressurgimento da Comunidade do Amado Discípulo?

Fui ao meu escritório e achei a carta que John tinha enviado ao arcediago. Lá estava ela, a carta de John, quase idêntica à declaração impressa no jornal. Tinham realmente tomado emprestadas algumas de suas palavras, de seu sentimento, sua ânsia pela cura e pelo destino da terra.

Talvez os Emissários realmente estejam certos, pensei comigo mesmo. Talvez nós estejamos certos.

# Epílogo

Eu me pergunto como Ela usará estas coisas para continuar sua missão de ajudar a humanidade a entrar na experiência predestinada desde o início dos tempos. Ainda não estou bem certo de quem seja 'Ela'. É Maria que fui levado a amar, a Mãe Abençoada que me disseram que cuidava de mim e me dava carinho, ou até mesmo este título é uma limitação? Talvez Ela seja tudo isto e mais ainda, tão cheia de Luz que é o novo protótipo para seguirmos no próximo milênio. Ela disse que tínhamos entrado em uma nova era, uma era de compaixão e de graça, na qual o amor é a única realidade e o medo é um pesadelo esquecido. Creio que Ela está certa e também os Emissários. Acredito que seja esta a época pela qual estivemos esperando.

E, o que é mais importante, somos todos nós a Mãe, todos estamos fazendo nascer a mesma luz. Talvez seja este o significado da Segunda Vinda. Temos andado buscando isto fora de nós, esperando que alguém carregue a tocha. Na realidade, nós somos os únicos que podemos aceitar a Luz e a Paz de Deus. Esta nova era, esta grande mudança da qual temos ouvido falar tanto, tem sido a da auto-realização, a da ativação da realidade interna que não esqueceu a verdade. Estamos prontos para aceitar a nós mesmos, quem realmente somos, ao invés de quem nunca fomos.

Jacqueline, Frei John e eu temos a mesma oração,

sermos usados como instrumentos da paz. Não sei como a pintura e a música moverão as pessoas ou como ajudarão nossa passagem para o Mundo Novo do qual Maria falou, mas estou muito contente de ter feito a minha parte, não importa quão pequena ela tenha sido. O que sei é que Ela ainda está comigo, assim como está com todos nós, assim como Deus nunca nos deixou sozinhos, nem mesmo por um instante. Talvez seja isso que tenha acontecido, somos finalmente capazes de perceber que não estamos sozinhos. Se esta é a moral verdadeira desta história, é a melhor notícia que já ouvi em um longo período.

Enquanto estava escrevendo este livro, recebi um telefonema do Frei John, que disse que ele e Shrinat Devi precisavam conversar comigo. Disseram que era muito importante. Eu estava comprometido com um concerto perto de Los Angeles e agendei alguns dias para passar com eles. John e eu fomos à casa de Shrinat Devi, aquele lugar familiar, santificado, onde recebi as primeiras mensagens de Maria, quando sua vinda me foi anunciada pela primeira vez. Senti-me feliz por estar novamente com meus amigos e poder partilhar com eles o que tinha acontecido nos últimos meses. Eu havia completado o círculo iniciado no dia em que tinha ouvido falar pela primeira vez dos Emissários. Finalmente sabia quem eram e para onde estamos todos nos encaminhando.

— Você sabe o que deve acontecer a seguir? — perguntou Shrinat Devi.

— Nunca sei de verdade — respondi. — Acredito que ficaremos sabendo. Maria me prometeu isso.

— Shrinat Devi e eu temos conversado a respeito do próximo passo — disse John. — Essa cura de Pedro e de João da qual você falou..., esta é a direção para a qual devemos ir. Existem muitas pessoas que foram feridas pelo seu passado, principalmente pelos dogmas e normas de muitas das igrejas institucionais. Em muitos casos, devido às feridas, afastaram-se das igrejas em que foram criadas e assumiram uma expressão mais livre de sua espiritualidade. No entanto, não foram curadas. Carregam ressentimentos dentro de si mesmas e se denominam com nomes como 'católico em recuperação'. São como adultos ressentidos pela maneira como foram tratados por seus pais, mas, ao invés de perdoá-los, preferem nunca mais vê-los, esquecendo não só o trauma, mas também o amor.

— O que eles não percebem — continuou Shrinat Devi, — é que agora estão sendo chamados de volta para dançar nas fileiras das igrejas que os feriram. Existem muitas pessoas que receberam profundos dons do espírito e que podem ajudar aqueles que ainda estão ligados às formas mais institucionais, ajudá-los a ter um relacionamento mais profundo com Deus. É assim que o cisma antigo entre Pedro e João será curado, através de pessoas como nós se abrindo ao passado e voltando a partilhar nossos dons. Se continuarmos a guardá-los e não compartilhá-los, então pararemos de crescer.

— Da mesma maneira, Pedro tem dons a oferecer a João — disse John. — A sabedoria das eras é encontrada nas tradições esotéricas de toda religião maior. Uma vez que nos encaminhemos para além da concha externa, chegaremos ao coração e, assim como o coração de cada pessoa no mundo bate da mesma maneira, independentemente de raça ou credo, assim também a sabedoria interior de cada religião ressoa com a mesma verdade. Quando Pedro e João se reunirem para partilhar seus dons e a sabedoria que atingiram em milhares de anos, a parede entre a igreja interna e a externa, as tradições esotéricas e exotéricas, cairão por terra. Isto soa como a verdadeira mensagem de Maria, ou seja, este é o tempo para nos unirmos, para nos focarmos nas maneiras em que somos semelhantes ao invés de ver o modo em que somos diferentes.

— Como faremos isto? — perguntei.

— Você disse que a Comunidade do Amado Discípulo conservou a essência do divino feminino por dois mil anos, esperando que o masculino seguisse seu curso — disse-me Shrinat Devi. — Chegou a hora dessa energia ser revelada, de fortalecer a religião da compaixão e da paz ao invés de buscar conversão e domínio. Isto acontecerá de muitas maneiras, visto que a Mãe está passando a mesma mensagem a muitas outras pessoas no mundo todo. Cada uma delas estabelecerá seu próprio elo com esta luz. Entretanto, o que aconteceu com você é único. Existe um elo direto entre os Emissários que você encontrou e o próprio apóstolo. É sua missão restabelecer a manifestação exterior dessa ordem que tem se mantido oculta por milênios.

— Vocês dois, Frei John e Jimmy, partilham da mesma missão — continuou ela. — John enfrenta o mundo oculto e Jimmy o mundo físico. Vocês se apoiam, um no outro, um absorvendo as energias da hierarquia espiritual e o outro passando essa energia para a humanidade. Vocês têm a mesma missão, embora a expressem de maneiras diferentes. E Jacqueline também fez seu papel, um papel que ninguém mais poderia ter desempenhado. Ela respondeu ao chamado da Mãe e permitiu que a luz se manifestasse em um simples quadro. Essa pintura e a música inspirada pela Mãe movimentarão as pessoas de maneiras que ainda vão ser reveladas. A humanidade está pronta para isso e cada um de nós tem um papel a desempenhar no novo drama da vida.

— Achamos que você precisa começar uma escola de mistérios baseada em tudo o que lhe foi revelado pelos Emissários e por Maria — disse John. — Nós o ajudaremos. Os 'Novos Emissários' emergirão dessa escola e a antiga ordem se abrirá outra vez.

— Eu não saberia como fazer isso — protestei.

— Você não tem que saber como — disse Shrinat Devi pegando minha mão. — Você não está encarregado disto, é Ela quem está. Aqueles que estiverem prontos virão e então se espalharão pelo mundo e curarão o antigo cisma entre Pedro e João. Eles novamente serão irmãos – o interno e o externo. Então o próprio mundo da dualidade ruirá.

— A última coisa que quero fazer é estabelecer uma nova irmandade — disse eu. — Isto é uma das causas de tanta confusão; precisamos mesmo é de um intermediário entre nós e Deus.

— Na Comunidade do Amado Discípulo somos todos padres e sacerdotisas ou, pelo menos, somos todos iguais — disse John. — Esta foi uma das razões pelas quais a Igreja Romana tentou destruir as ordens diferentes, porque não havia hierarquia. Até os sacramentos eram partilhados por todos. Na Igreja Católica, por exemplo, somente um padre pode consagrar o pão e o vinho durante a missa. Através do seu poder, acredita-se, ele é transformado no corpo e no sangue de Jesus. A linhagem de João tinha uma maneira diferente de ver esse sacramento. Eles acreditavam que tudo está permeado pela luz do divino. Na missa, de acordo com João, usamos o que quer que esteja à nossa frente, como fez Jesus durante a Santa Ceia. Ele pegou pão e vinho porque estavam à sua frente. Assim, pegaremos o que estiver à nossa frente e usaremos isso para expressar o divino.

— Isso nos traz ao verdadeiro motivo pelo qual queremos conversar com você — disse Shrinat Devi. — É chegada a hora de você ser oficialmente consagrado na Ordem. A consagração é apenas um símbolo externo do que você já é, mas terá valor quando você continuar seu trabalho. John, que é padre tanto na Igreja de Pedro quanto na de João, é quem lhe dará esta bênção. Você, por sua vez, receberá outros, todos os que forem chamados para entrar na Comunidade do Amado Discípulo.

— O que farão esses outros? — perguntei.

— Continuarão a missão original da Comunidade —

disse-me John. — Manterão a energia feminina de Deus em seus corações e estenderão esse amor a todos no universo. Deixarão que o Cristo nasça neles e através deles, provando assim que Jesus não morreu, pois vive dentro deles. Ajudarão a curar a divisão antiga entre Pedro e João, ou entre a igreja interna e a externa. Não importa se forem cristãos, judeus ou de qualquer outra crença. Isto não tem a ver com religião, tem a ver com realidade e amor.

— Você recebeu uma dádiva incrível — disse Shrinat Devi. — Agora é hora de compartilhar essa dádiva. Portanto, a questão é a seguinte: você quer passar por esse processo e receber os votos da Ordem?

Uma semana mais tarde, em uma capela em Los Angeles, diante do Frei John, Shrinat Devi e outro amigo, eu disse 'sim' e fui oficialmente aceito na Ordem. A cerimônia pôs em movimento uma gama de experiências que ainda não comecei nem mesmo a entender, mas que certamente serão reveladas e compartilhadas à medida que a jornada continuar.

Finalmente, na Páscoa de 1999, durante um *workshop* que eu estava dando em Glastonbury, na Inglaterra, cerca de cinquenta pessoas se juntaram a mim nas ruínas da Abadia de Glastonbury. Lá, no túmulo do Rei Artur, celebrei minha primeira missa como membro da Comunidade. Podíamos sentir os espíritos dos antigos cavaleiros se manifestando no mundo dos corpos e das coisas e soubemos que eles estavam felizes com o que lá estava acontecendo. Eles, à sua própria maneira, faziam também parte da Comunidade do Amado Discípulo. Eles também conservavam e guardavam os mistérios que só agora, depois de tanto tempo, estão sendo revelados ao mundo.

Não posso chamar a mim mesmo de padre a não ser que eu reconheça a todos sob a mesma luz. E assim é. Somos todos pontos de acesso, pontes e Portais da Eternidade que tornam claro o caminho para o próprio céu. A época das especialidades já passou e nos encontramos de repente abraçados pela percepção de que somos os mesmos – sagrados além da imaginação.

Quanto à Comunidade do Amado Discípulo – Shrinat Devi está certa. Não cabe a mim, mas a Ela. Esta é a missão dela e somos todos seus instrumentos de paz. Só cabe a nós dar um passo atrás e deixar que uma nova resposta seja dada ao mundo. Isto tem sido feito, só precisamos aceitá-la. Creio que a Comunidade do Amado Discípulo se expandirá como aconteceu há dois mil anos atrás e que todos os mistérios que ela manteve em segredo serão finalmente compreendidos e vivenciados. Farei o que me for possível para ajudar nos processos de cura, quaisquer que sejam, mas não me esquivarei de discutir o assunto. O que quer que aconteça, o que quer que eu faça ou deixe de fazer, será para o mundo que Maria me mostrou. Este é o momento pelo qual tanto esperamos.

*Nosssa Senhora do Universo*

**por Jacqueline Ripstein**

**Impressão e Acabamento**
Com fotolitos fornecidos pelo Editor

EDITORA e GRÁFICA
VIDA & CONSCIÊNCIA

R. Agostinho Gomes, 2312 • Ipiranga • SP
Telefax: (11) 6161-2739 / 6161-2670
e-mail: gasparetto@snet.com.br
site: www.gasparetto.com.br